図解
アクティブラーニングがよくわかる本

監修 小林昭文
産業能率大学経営学部教授

健康ライブラリー スペシャル
講談社

まえがき

いま、日本の学校教育が変わろうとしています。文部科学省が、幼稚園から高校までの教育に「アクティブラーニング」を導入すること、そして大学入試も改革することを、答申や諮問として示した（69ページ参照）ため、学校でその対応がはじまっているのです。

これは明治維新や敗戦による変化に匹敵するような、大変革になります。しかも文部科学省が公表しているわけですから、この変化は今後、確実に起こります。学校の先生たちには、この大変革の旗手として、ぜひとも授業の改善に積極的にとりくんでもらいたいと思います。

しかし、忙しい先生たちには、アクティブラーニングを学ぶために文部科学省の資料やいくつかの本を読むという、時間的な余裕はないかもしれません。そこでこの本をつくりました。この本は挿絵とコンパクトな説明を中心としてできています。長い時間をかけずにスラスラと読めるよう、工夫をしました。学校の先生たちには、この本の説明をヒントとして実践に踏み出し、必要に応じて本格的な理論書などに進んでもらうことを期待しています。

また、この本は子どもを学校に通わせている保護者にも役立つものとなっています。

これからの教育は、アクティブラーニングの導入によって、保護者が過去に受けた教育とは大きく異なるものになっていきます。保護者がその意義や効果を知っておくことは、子どもの学校生活を考えるうえで、極めて重要です。

この本を使ってアクティブラーニングのことを理解しておけば、わが子が戸惑ったときに、その思いを受け止めたり、質問に答えたりすることもできるようになるでしょう。ぜひこの本を活用してください。

なお、この本では授業や組織を改善する方法として、監修者である私のやり方をあえて具体的に示しています。それは、具体的に示すことで、読み手に気づきが生まれやすくなると考えたからです。また、具体例があれば、実践もしやすくなるでしょう。そのためのヒントにしてほしいと思い、事例を豊富に紹介しました。教育が変わろうとしているこの状況は、先生たちの「腕の見せどころ」です。みなさんがこの大変革の時代に奮起することを期待しています。

産業能率大学経営学部教授　**小林昭文**

1 ポイントは授業から「説明」をへらすこと

2 「演習」を増やし、子どもの動きをうながす

3 最後に「振り返り」で理解を深める

4 アクティブラーニングでなにが変わるのか

5 先生どうしの会議・研修もアクティブに

この本の使い方

教員は本全体をじっくりと読む

この本では、アクティブラーニングとはなにか、授業に導入するためにはどうすればよいかを解説しています。誰にでも役立つ内容ですが、授業をおこなう教員には、とくに活用しやすいでしょう。

教員は、本全体をじっくりと読んでください。授業でどのようなスキルを使えば子どもたちにアクティブラーニングが起こるのかがわかります。各種スキルをうまく導入するコツや、上級者向けのアドバイスも掲載しています。

ただし、スキルを覚えるだけでは応用がききません。スキルを使うねらいやそのスキルの効果も、しっかりおさえておきましょう。

先生はここを読もう！

アクティブラーニング型授業のやり方とねらい。先生はここを理解してから実践したい

授業の手順を解説しているページ

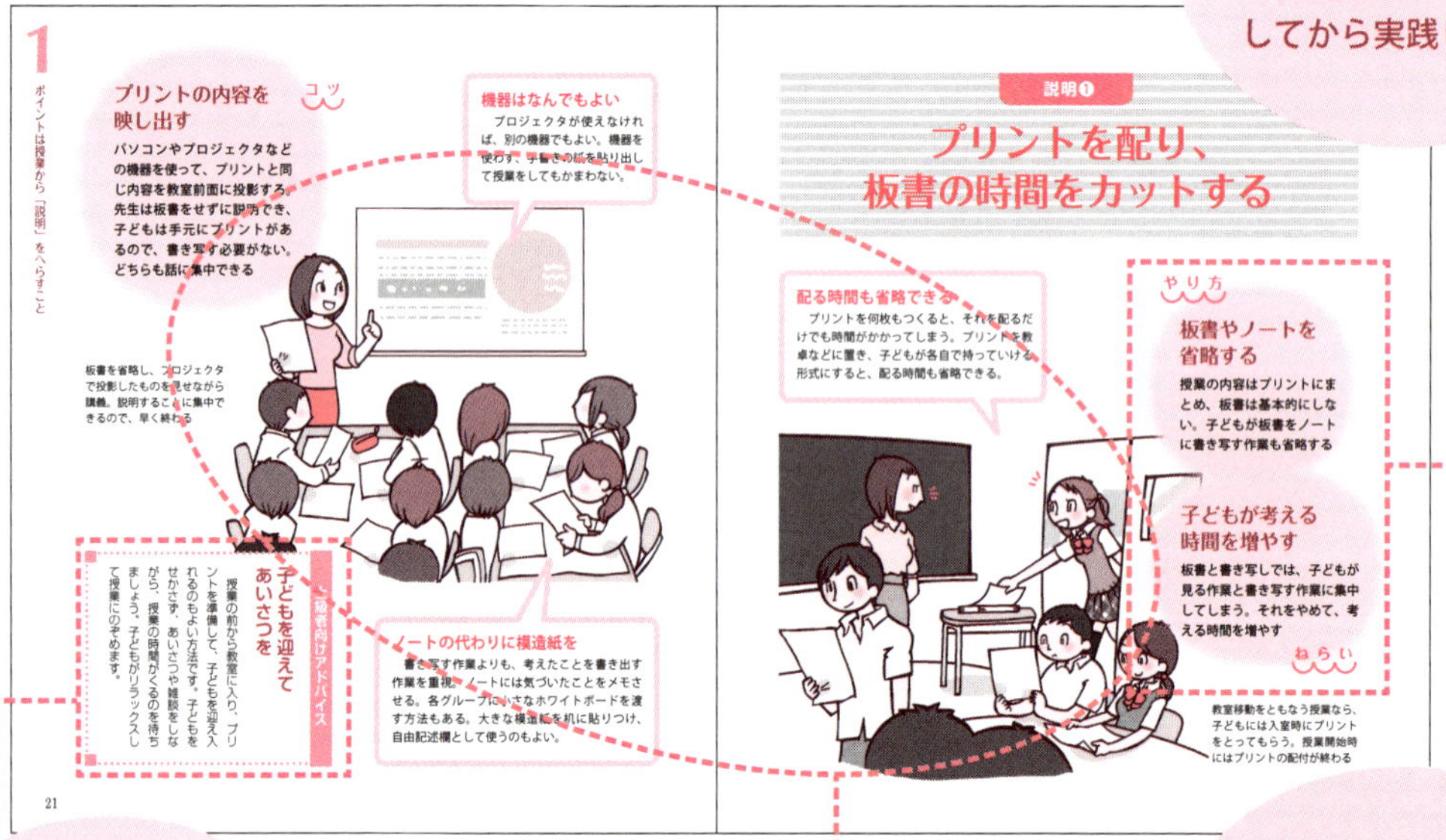

1

ポイントは授業から「説明」をへらすこと

コツ

プリントの内容を映し出す

パソコンやプロジェクタなどの機器を使って、プリントと同じ内容を教室前面に投影する。先生は板書をせずに説明でき、子どもは手元にプリントがあるので、書き写す必要がない。どちらも話に集中できる

機器はなんでもよい

プロジェクタが使えなければ、別の機器でもよい。機器を使わず、手書きの紙を貼り出して授業をしてもかまわない。

板書を省略し、プロジェクタで投影したものを見せながら講義。説明することに集中できるので、早く終わる

上級者向けアドバイス

子どもを迎えてあいさつを

授業の前から教室に入り、プリントを準備して、子どもを迎え入れるのもよい方法です。子どもをせかさず、あいさつや雑談をしながら、授業の時間がくるのを待ちましょう。子どもがリラックスして授業にのぞめます。

ノートの代わりに模造紙を

書き写す作業よりも、考えたことを書き出す作業を重視。ノートには気づいたことをメモさせる。各グループに小さなホワイトボードを渡す方法もある。大きな模造紙を机に貼りつけ、自由記述欄として使うのもよい。

21

説明❶

プリントを配り、板書の時間をカットする

配る時間も省略できる

プリントを何枚もつくると、それを配るだけでも時間がかかってしまう。プリントを教卓などに置き、子どもが各自で持っていける形式にすると、配る時間も省略できる。

やり方

板書やノートを省略する

授業の内容はプリントにまとめ、板書は基本的にしない。子どもが板書をノートに書き写す作業も省略する

子どもが考える時間を増やす

板書と書き写しでは、子どもが見る作業と書き写す作業に集中してしまう。それをやめて、考える時間を増やす

ねらい

教室移動をともなう授業なら、子どもには入室時にプリントをとってもらう。授業開始時にはプリントの配付が終わる

上級者向けのアドバイスを掲載しているページもある

実践するときのコツ。具体的な解説が載っている。イラスト入りでイメージしやすい

保護者や関係者は「ねらい」「Q&A」を読む

保護者や学校職員、教育関係者など、教員以外でアクティブラーニングを知りたい人は、各ページの「やり方」と「ねらい」の欄、そして各章の「Q&A」ページに目を通してみてください。

「やり方」「ねらい」を読むと、アクティブラーニング型授業の概要とその目的がわかります。

「Q&A」には、よくある質問をまとめています。ここではアクティブラーニングへの疑問を解消することができます。

アクティブラーニングへの不安が解消する

教員以外の人は、実践のコツまでくわしく読まなくても、「ねらい」などを読めばアクティブラーニングのことがわかります。授業の形式が変わることへの不安は、十分に解消できるでしょう。

保護者・関係者はここを読もう！

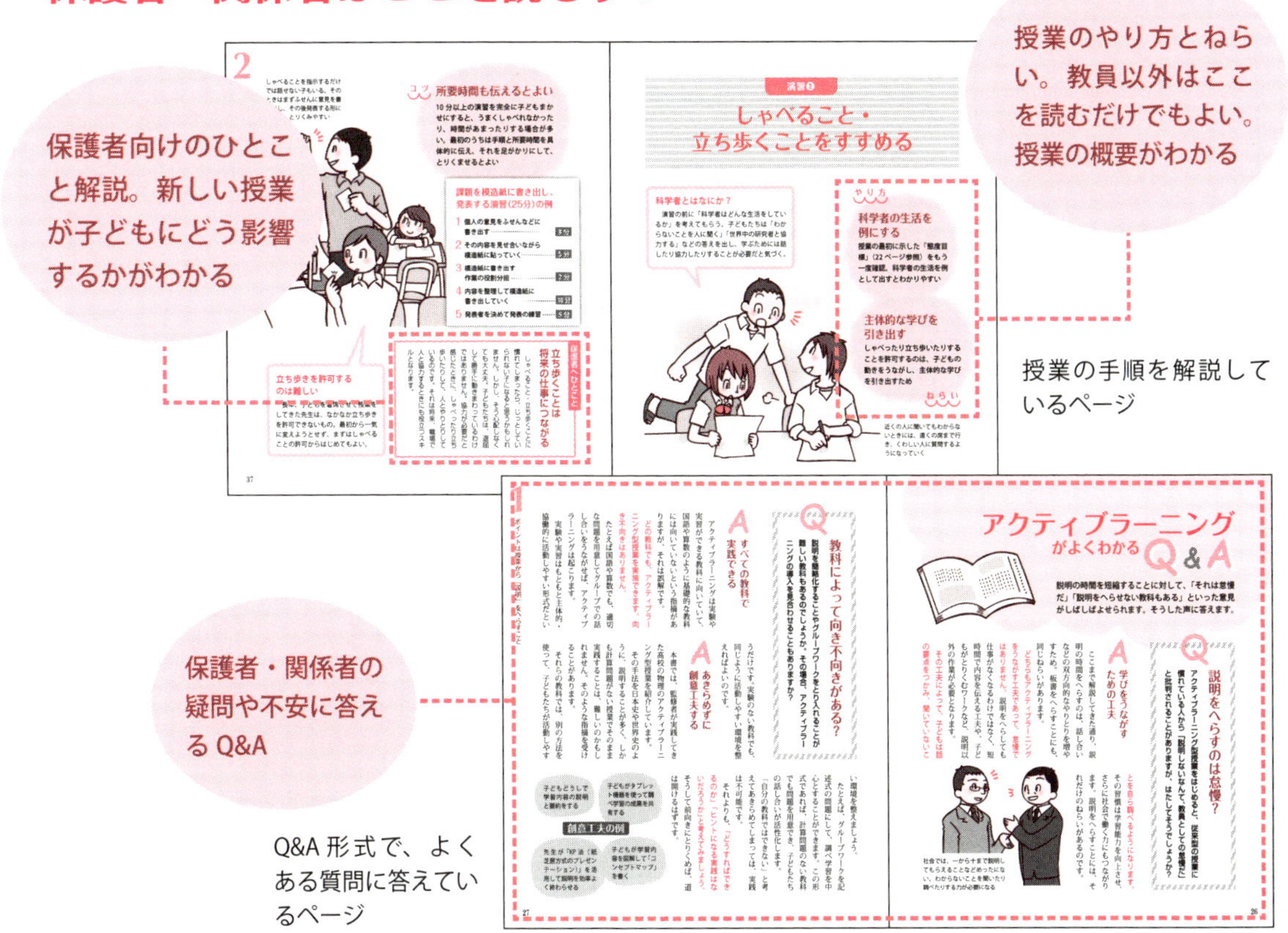
保護者向けのひとことと解説。新しい授業が子どもにどう影響するかがわかる
授業のやり方とねらい。教員以外はここを読むだけでもよい。授業の概要がわかる
授業の手順を解説しているページ
しゃべること・立ち歩くことをすすめる
保護者・関係者の疑問や不安に答えるQ&A
Q&A形式で、よくある質問に答えているページ
アクティブラーニングがよくわかるQ&A

いま学校でなにが起こっているか

「アクティブラーニング」が導入されはじめている

1

最近、教育の現場で「アクティブラーニング」が話題になっています。アクティブラーニングとは、わかりやすく言えば、子どもたちが主体的・協働的に学習すること。いま、そのような学びが重視されています。

アクティブ
ラーニングの研修を
受けてきましたよ

2

なぜアクティブラーニングが注目され、重視されているのか。それは、現代社会がそのような学びを必要としているからです。文部科学省の定める学習指導要領や大学入試に、これからはアクティブラーニングがとり入れられる予定になっています。

小学校から大学まで、それぞれに導入中

小・中学校では以前から、参加型の活動がおこなわれている。高校では近年、実践がはじまりつつある。大学にはもともと演習形式の授業がある。本書では、どの段階にも役立つ基礎知識を解説している。

3 アクティブラーニングにはさまざまな定義があり、多種多様な方法があります。小学校から大学まで、それぞれのやり方・考え方で導入が進んでいます。

4 アクティブラーニングが起こる授業を「アクティブラーニング型授業」といいます。その実践が広がっていますが、一定の形式があるわけではないので、先生や子ども、保護者に戸惑いも見られます。

5 なかには、戸惑いを抱えたまま、ほかの学校を参考にして形だけとり入れ、迷いのなかで実践している学校もあるようです。

アクティブラーニングの実践がはじまっているが、理解が追いつかず、戸惑いや不安も広がっている

いま学校でなにが起こっているか

これから授業はどんどんアクティブラーニング型に

6　アクティブラーニングの導入は今後ますます進んでいきますが、適切に実践し、効果を出していくためには、その理念をよく知っておくことが大切です。

アクティブラーニングをとり入れる方法を、授業前の準備から授業のまとめ方まで、順を追って紹介していきます。本書を参考に、授業の改善をはじめてみましょう。

7　なんのために、どのように授業を改善すればよいのか、考えながら、理解しながらとりくんでいきましょう。そのために本書を役立ててください。

1 ポイントは授業から「説明」をへらすこと

先生が授業でなにからなにまで説明していては、
子どもはそれを聞いているだけになり、
主体的・協働的な学びがなかなか起こりません。
講義も大切ですが、要点をしぼってその時間をへらし、
子ども主体の活動の時間をつくっていきましょう。

この章を読む前に

この本を読むときは、ノートやメモ帳に気づいたことを書きとめるようにしてください。それが理解を深めるコツです。第１章では「説明をへらす」ことを解説しますが、具体的にはどんな作業でしょうか。知っていることや思いついたことを書き出してから読んでみてください。

アクティブラーニング型授業

アクティブラーニング型授業の例（65分授業の場合）

演習の時間を増やす

講義の時間をへらした分、問題演習の時間を増やします。先生が問題を出し、子どもたちはグループをつくって、協力しながらとりくみます。子どもはしゃべっても立ち歩いてもよいので、相談が活発におこなわれ、にぎやかになります。

（くわしくは第２章を参照）

説明を15分にへらす

アクティブラーニング型授業の例を紹介しましょう。まず、先生が説明を15分程度にへらします。板書と、それをノートに書き写させる作業はやめるかへらします。そうすることで、従来は65分かけておこなっていた講義を、短時間で済ませるのです。

（くわしくは本章を参照）

15分

「ワンウェイ」ではない

アクティブラーニング型授業は「100％のワンウェイではない」授業。ワンウェイは一方的という意味。先生と子どもの間に少しでも双方向的なやりとりがあればよい。

Point

説明をへらすといっても、講義をやめるわけではない。従来型の授業の長所もいかす

※この本で紹介している方法は、監修者・小林昭文の実践例です。このやり方が正解や見本というわけではありません。この例をヒントにして、みなさんそれぞれの授業をつくっていってください。

考えたことを形にする

話をただ聞いているだけでは、アクティブラーニングは起こりにくい。考えを語ったり書いたりして形にすることが大切。それを専門的には「認知プロセスの外《がい》化《か》」という。考えの過程を頭の外に出すという意味。

Point

聞くだけではわからなかったことが、友達と話し合い、教え合うことで理解できるようになる

最後に振り返りをする

演習のあと、振り返りの時間を15分程度もうけます。子どもたちは個々に「確認テスト」にのぞみます。この時間は演習とは対照的に、静かになります。子どもは最後に目標を達成できたか振り返り、その結果を書き出します。

（くわしくは第3章を参照）

15分

35分

演習ではにぎやかだった子が、振り返りの時間には黙って集中。行動にメリハリがつく

形式に決まりがない

ここでは65分授業を3つに分ける例を紹介したが、時間配分や手順に決まりはない。適宜、調節してよい。たとえば50分授業の場合、説明と振り返りの15分は維持して、演習を20分にすると実践しやすい。

Point

実践は簡単、最初は1分へらすだけでもよい

従来の授業は講義中心

これまでは多くの教科で、講義中心の授業がおこなわれてきました。先生が学習内容を話し、黒板やホワイトボードに書き出す形式です。この形式では教え方がワンウェイになりやすく、アクティブラーニングがなかなか起こりません。

子どもは講義を聞き、板書をノートに書き写す。受け身の活動になりがち

説明をまず1分、へらしてみる

一方的なやりとりでは、アクティブラーニングが起こりにくくなります。説明や板書の時間をへらし、双方向的なやりとりを増やしていきましょう。

とはいえ、じつは多くの先生がそれをすでに実践しています。たとえば子どもに質問することや小テストの実施は、双方向的なやりとりです。そうした活動をいまより少し増やせば、アクティブラーニングの導入が進むのです。

講義を効率よく済ませれば、双方向的なやりとりの時間がつくれます。最初は1分でもかまいません。説明をへらす方法を考え、実践してみてください。

これからは短時間で説明する

最初から最後まで一方的に話し続け、書き続けるのはやめましょう。説明は、要点をしぼって短時間でおこないます。やや言い足りないくらいのほうが、子どもの好奇心や学習意欲を刺激するものです。時間短縮のため、板書もやめるかへらします。

アクティブラーニング型授業に！

要点をしっかり伝えれば、それ以外のことは子どもたちが自主的に調べはじめる

一方的な講義をへらす

学習内容の説明はおこなうが、時間をへらす。また、説明中に子どもへ質問する機会をつくり、双方向的なやりとりをする(22・24ページ参照)

板書もノートもへらす

板書とその書き写しには時間がかかるため、思い切ってやめるかへらす。内容はプリントで配るか、モニターやスクリーン、タブレット機器などで表示する(16・18・20ページ参照)

へらすのは時間でも回数でもよい

学習内容によっては、説明の省略が難しいこともあります。その場合は無理をせず、従来型の講義をしましょう。その分、次回以降に演習をとり入れます。

毎回の授業で説明をへらすのもよいのですが、説明の回と演習の回を分けるのも、よい方法です。1年間の授業のなかで、講義以外の時間が何割かをしめるようにできれば、十分です。

準備❶

授業の内容と問題をプリントにしておく

プリントの種類

授業の内容をまとめた解説プリントのほかに、演習用の問題、その解答・解説、確認テスト（54ページ参照）も用意する。振り返り用のリフレクションカード（58ページ参照）もつくる。

やり方

プリントをつくる

授業の前に、プリント類を準備する。授業1回分の内容や問題をパソコンなどで書面にまとめ、子どもの人数分、印刷しておく

授業の無駄をはぶく

プリントを使えば説明や板書を省略できる。どちらもアクティブラーニングが起こりにくく、効率の悪い作業なので、無駄がはぶける

ねらい

タブレットでもよい

子どもが全員タブレット機器を使える場合には、データを配信してもよい。プリントを配るよりも、さらに手軽に済ませられる。

プリントのデータは一度つくれば何度も使えるので、長い目で見れば作業の効率がよい

コツ

教科書をそのまま使う

プリント作成は簡単。教科書の文章や図版をそのまま使えばよい。教科書から要点を抜き出し、授業1回分としてまとめる。子どもには、よりくわしく知りたいと思ったら教科書を読むように伝える

教科書を見ながら、必要な文章や図版を抜き出していく。パソコンでまとめれば、翌年以降も同じデータが使えて便利

準備は1時間まで

プリントを使うのは授業の効率をよくするため。プリント作成に手間をかけていては本末転倒。準備は1時間で終わらせる。

板書も併用してよい

1時間で十分なプリントを用意できなかったら、不足分は従来型の授業で補う。プリントは次の機会に完成させればよい。

パソコンを使うのが苦手な場合は

パソコンで書類をつくるのが苦手な人は、紙に手書きで授業の内容をまとめてもかまいません。それをコピーして配ったり、スクリーンに映したりしましょう。

手書きの紙を画像データにして、子どものタブレット機器に配信する方法もあります。模造紙に内容を書き、黒板に貼り出すのもひとつの方法です。説明や板書の手間がはぶけるのなら、どんな手段でもかまいません。

準備❷

問題集を活用して、準備の手間をへらす

やり方

演習用の問題を用意する

授業の内容をまとめるプリントとは別に、演習問題とその解答・解説のプリントをつくるが、その際、問題集を使って手間をへらす

話し合いを活性化させる

手間をかけずに問題をつくり、毎回の授業で演習を実施する。子どもの話し合いを活性化でき、協働的な活動が増える

ねらい

「作問《さくもん》」しない

問題をつくる「作問」作業には手間がかかる。そこまで工夫する必要はない。教科書や市販の問題集、ソフトウェアを活用する。

自分で問題をつくろうとせず、問題集などを活用して、準備を簡単に済ませる。これも一度つくっておけば、次回以降に使いまわせる

コツ

難易度の違う４問に

問題の難易度が適切なら、子どもは集中してとりくめる。ポイントは、子どもが少し努力し、協力すれば解ける難易度にすること。授業に出席する子どもたちを具体的にイメージして、難易度を調整するとよい

もっとも難しい問題は、誰もひとりでは解けない難易度にする

４問の構成

問題は何問でもよいが、必ず難易度に段階をもうけて、簡単なものと難しいものを交ぜる

４問目

３問目

２問目

１問目

難
↑
難易度
↓
易

もっとも簡単な問題は、誰でもひとりで解ける難易度にする

１問目と４問目を先に決め、その中間の難易度に

話し合いの多さをチェック

問題が多すぎると、子どもが解くのに必死で話し合わない。問題が少なかったり簡単だったりすると、相談の必要がなくなり、やはり話し合わない。問題が難しいと、解くのをあきらめる子が出て、雑談が増える。

問題集やソフトを利用

問題集や、教科書会社が販売している問題集のデータベースソフトを利用する。ソフトを使えば、多くの問題から適切なものを選ぶだけで作業が終わる。

説明❶

プリントを配り、板書の時間をカットする

配る時間も省略できる

プリントを何枚もつくると、それを配るだけでも時間がかかってしまう。プリントを教卓などに置き、子どもが各自で持っていける形式にすると、配る時間も省略できる。

やり方

板書やノートを省略する

授業の内容はプリントにまとめ、板書は基本的にしない。子どもが板書をノートに書き写す作業も省略する

子どもが考える時間を増やす

板書と書き写しでは、子どもが見る作業と書き写す作業に集中してしまう。それをやめて、考える時間を増やす

ねらい

教室移動をともなう授業なら、子どもには入室時にプリントをとってもらう。授業開始時にはプリントの配付が終わる

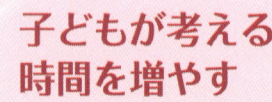

プリントの内容を映し出す　コツ

パソコンやプロジェクタなどの機器を使って、プリントと同じ内容を教室前面に投影する。先生は板書をせずに説明でき、子どもは手元にプリントがあるので、書き写す必要がない。どちらも話に集中できる

機器はなんでもよい

プロジェクタが使えなければ、別の機器でもよい。機器を使わず、手書きの紙を貼り出して授業をしてもかまわない。

板書を省略し、プロジェクタで投影したものを見せながら講義。説明することに集中できるので、早く終わる

ノートの代わりに模造紙を

書き写す作業よりも、考えたことを書き出す作業を重視。ノートには気づいたことをメモさせる。各グループに小さなホワイトボードを渡す方法もある。大きな模造紙を机に貼りつけ、自由記述欄として使うのもよい。

上級者向けアドバイス

子どもを迎えてあいさつを

授業の前から教室に入り、プリントを準備して、子どもを迎え入れるのもよい方法です。子どもをせかさず、あいさつや雑談をしながら、授業の時間がくるのを待ちましょう。子どもがリラックスして授業にのぞめます。

説明❷

目標を伝えてから、手短に講義をする

しゃべったり
立ち歩いたりして、
友達と協力してください

アクティブラーニング型授業ではどんな態度が求められるか、具体的に伝える

やり方

説明を 15 分で済ませる

最初に授業の「態度目標」と「内容目標」を示す。そして講義をする。その全体を 15 分で済ませる

態度目標を伝える

授業にのぞむ態度として、子どもに「しゃべる」「質問する」「説明する」「動く（立ち歩く）」「チームで協力する」「チームに貢献する」ことを求める。それらを態度目標とする。

（30・36 ページも参照）

集中して聞いてもらう

説明を手短に済ませるのは、そのほうが子どもが集中して話を聞けるから。15 分程度なら、多くの子が集中力を維持できる

ねらい

具体例をあげる

用語や理論をただ伝えるだけでは、子どもはなかなか理解できない。学習内容をイメージできるように、解説を工夫したい。その日の学習内容について、具体例をあげたり、ビジュアルイメージを話したりする。

内容はあえて解説不足に

コツ

態度目標を示したあとで、その日の「内容目標」を伝える。そして、講義をはじめる。プリントにそって話すが、あえて少し解説不足に。そうすることで、次の演習の時間に子どもの主体的な活動が増える

物理の授業で内容目標が「比熱の理解」であれば、身近な道具で比熱の違いがイメージできるものを具体例としてあげる

内容目標を伝える

その日の授業で理解する用語や理論、イメージする事柄などを、内容目標として伝える。子どもが授業の要点を、最初につかめるようにする。

上級者向けアドバイス

説明のリハーサルをする

説明の時間をより効率的に短縮したいという人は、プリントを使って説明のリハーサルをするとよいでしょう。スマートフォンなどで自分の説明を録音・録画し、その内容と所要時間を確認します。

同じ解説のくり返し、思い出話への脱線などの問題が確認できたら、その点を直します。不要な話題をはぶいて、説明が15分におさまるよう、練習するのです。

説明❸

15分の説明に2～3回の「ワーク」を入れる

このテーマで知っていることはなんですか？グループで２分間、話してみてください

やり方

子どもにときどき質問する

15 分の説明を 2 ～ 3 回中断し、子どもがグループでとりくめる「ワーク」をおこなう。子どもに質問して、話し合いをうながす

やりとりを双方向的にする

グループワークをおこなうことで、説明中にも協働的な活動が起こる。学習が促進され、説明に対する集中力も上がる

ねらい

説明を 15 分に短縮したうえで、その 15 分間も一方的にならないよう、子どもへの問いかけをおこなう

ワークには結果を求めない

グループワークの目的は、協働的な活動をうながすこと。子どもが自分から動き、協力できていればよい。話し合いの結果を評価する必要はない。結果を聞くときは、協力できたことを振り返るのを目的にする

コツ

話し合う機会をつくる

その日の内容について知っていること、知りたいことなどを子どもに質問する。それについて、グループで話し合うように指示する。

説明したことに関する話し合いや、説明に対する質問を引き出す。そうすることで、子どもたちの学習内容への理解が深まる

話の内容は評価しない

先生は子どもたちの話し合いが終わったら「どんなことが出ましたか？」とたずねる。ただし、その内容は評価しない。協力できたことを、先生も子ども自身も確認する。

質問を受けつける

説明中でも、子どもの質問を受けつける。双方向的なやりとりになり、説明が一方的なものではなくなる。

アクティブラーニングがよくわかるQ&A

説明の時間を短縮することに対して、「それは怠慢だ」「説明をへらせない教科もある」といった意見がしばしばよせられます。そうした声に答えます。

Q 説明をへらすのは怠慢？

アクティブラーニング型授業をはじめると、従来型の授業に慣れている人から「説明しないなんて、教員としての怠慢だ」と批判されることがありますが、はたしてそうでしょうか？

A 学びをうながすための工夫

ここまで解説してきた通り、説明の時間をへらすのは、話し合いなどの双方向的なやりとりを増やすため。板書をへらすことにも、同じねらいがあります。

どちらもアクティブラーニングをうながす工夫であって、怠慢ではありません。説明をへらしても仕事がなくなるわけではなく、短時間で内容を伝える工夫や、子どもがとりくむワークなど、説明以外の作業が必要となります。

その工夫によって、子どもは話の要点をつかみ、聞いていないことを自ら調べるようになります。その習慣は学習能力を向上させ、さらに社会で働く力にもつながります。説明をへらすことには、それだけのねらいがあるのです。

社会では、一から十まで説明してもらえることなどめったにない。わからないことを聞いたり調べたりする力が必要になる

Q 教科によって向き不向きがある？

説明を簡略化することやグループワークをとり入れることが難しい教科もあるのでしょうか。その場合、アクティブラーニングの導入を見合わせることもありますか？

A すべての教科で実践できる

アクティブラーニングは実験や実習ができる教科に向いていて、国語や算数のように基礎的な教科には向いていないという指摘がありますが、それは誤解です。

どの教科でも、アクティブラーニング型授業を実施できます。向き不向きはありません。

たとえば国語や算数でも、適切な問題を用意してグループでの話し合いをうながせば、アクティブラーニングは起こります。

実験や実習はもともと主体的・協働的に活動しやすい形式だというだけです。実験のない教科でも、同じように活動しやすい環境を整えればよいのです。

A あきらめずに創意工夫する

本書では、監修者が実践してきた高校の物理のアクティブラーニング型授業を紹介しています。

その手法を日本史や世界史のように、説明することが多く、しかも計算問題がない授業でそのまま実践することは、難しいのかもしれません。そのような指摘を受けることがあります。

それらの教科では、別の方法を使って、子どもたちが活動しやすい環境を整えましょう。

たとえば、グループワークを記述式の問題にして、調べ学習を中心とすることができます。この形式であれば、計算問題のない教科でも問題を用意でき、子どもたちの話し合いが活性化します。

「自分の教科ではできない」と考えてあきらめてしまっては、実践は不可能です。

それよりも、**「どうすればできるのか」「ヒントになる実践はないだろうか」と考えてみましょう。**そうして前向きにとりくめば、道は開けるはずです。

創意工夫の例

- 子どもどうしで学習内容の説明と要約をする
- 子どもがタブレット機器を使って調べ学習の成果を共有する
- 先生が「KP法（紙芝居方式のプレゼンテーション）」を活用して説明を効率よく終わらせる
- 子どもが学習内容を図解して「コンセプトマップ」を書く

COLUMN

学び方をひっくり返す「反転授業」とは

従来の授業では協働的な活動が起こりにくかった

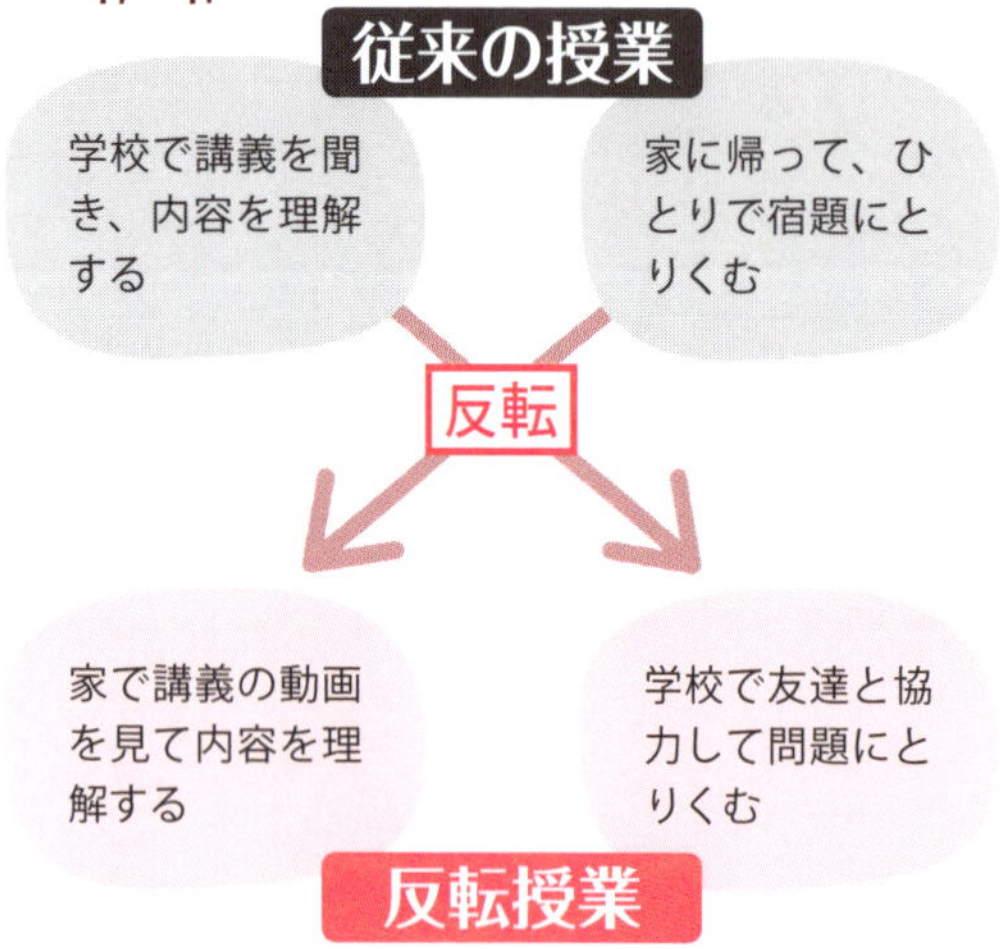
従来の授業
学校で講義を聞き、内容を理解する
家に帰って、ひとりで宿題にとりくむ
反転
家で講義の動画を見て内容を理解する
学校で友達と協力して問題にとりくむ
反転授業

学校での学びと家庭での学びを反転

教育界では2013年頃から「反転授業」という言葉に注目が集まっています。反転授業は２０００年代後半から海外で広がりはじめた、新しい授業形式です。

講義と宿題の位置付けを反転させたもので、子どもたちは家で講義を見て、学校ではグループで問題にとりくみます。先生は授業中、講義をする代わりに教室を歩きまわり、学習のガイド役となって、子どもたちをサポートします。

これもアクティブラーニング型授業の一種だといえます。授業の進め方を考えていて、なにかヒントがほしいときには、反転授業を参考にするのもよいでしょう。

2 「演習」を増やし、子どもの動きをうながす

説明する時間をへらすことができたら、
今度は演習の時間を増やしましょう。
問題を出し、グループでとりくむように指示します。
とりくみ方をできるかぎり具体的に伝えることと、
ときどき質問して動きをうながすことがポイントです。

この章を読む前に

第２章では「演習を増やす」ことを解説します。これは子どもの主体的・協働的な動きをうながすためですが、どのような働きかけをすればよいでしょうか。知っていること、すでに実践していることを、書き出してみてください。

目標や時間を設定すれば、授業は乱れない

従来は一部の教科が演習形式

従来型の授業でも、演習形式をとることはあります。ただしそれは、理科の実験や総合学習の実習など、一部の教科、一部の時間帯にかぎられた話です。

総合学習の授業では、子どもたちがグループワークにとりくみ、最後に発表をすることがある

自由度は高まるが、授業規律も守れる

グループでの演習形式をとり入れると、授業の自由度が上がり、子どもが主体的・協働的に活動しやすくなります。

子どもまかせの部分が増えて授業が乱れそうだと危《き》惧《ぐ》する人もいますが、その心配は無用です。ルールを示せば子どもたちはそれを理解し、適切な態度でとりくみます。授業規律は十分に守れます。

演習の前にもルールを示し、演習中にも子どもたちがそれを意識できるよう、働きかけましょう。そのとき、一方的に指示するのではなく、質問して子ども自身がルールに気づけるように導くのが、ひとつのコツです。

問題演習の時間をつくる

説明のあとは、問題演習の時間。子どもたちはグループで相談しながらとりくむ。先生は質問されても安易に答えず、子どもが自分で考えられるようにガイドする
（32・40ページ参照）

すべての教科で演習をとり入れる

演習形式の教科や時間帯だけでなく、すべての教科、すべての授業で演習をとり入れ、アクティブラーニングが起こるようにしましょう。とくに、国語や算数など基礎的な教科を変えることが重要です。

アクティブラーニング型授業に！

問題演習をはじめましょう。そのあと９時から確認テストをおこないます。全員で100点をとることをめざして、がんばってください

子どもはどの教科でもグループワークにとりくみ、ほかの子と協力する習慣をつけていく

演習のルールをはっきり示す

グループワークには一定の枠組みがあることを伝える。積極的にしゃべること、協力すること、時間を守ることなどのルールをはっきり示す。そうすれば授業は乱れない
（36・38・44・46ページ参照）

- 授業の最初にも伝えた、その日の「内容目標」
- しゃべる・立ち歩くなど、演習中の「態度目標」
- 各作業のスケジュールを確認し、時間を守る

演習❶

子どもたちがグループをつくり、演習スタート

問題にみんなでとりくむ

子どもたちは数人ごとにグループをつくり、話し合いながら問題を解く。途中で席を離れてほかのグループに移ってもよい。

すぐに話し合う、まずはプリントを読みこむ、メモをとりながら考えるなど、それぞれの得意な学習スタイルをいかしながら、協力する

やり方

演習はグループワークに

問題演習を、グループワークとしておこなう。子どもがグループで座れるように、机を向かい合わせにするとよい

協働的な学びを起こす

問題演習をすれば主体的な学びが起こるが、グループワークの形式なら、さらに協働的な学びも起こってくる

ねらい

コツ

グループを指定しない

先生はグループワークをすることだけ説明し、グループの組み方は子どもにまかせる。座席も人数も指定しない。机やいすを動かしてもよいことにする。子どもが主体的に人間関係をつくれるように環境を整える

固定するのもさける

いつも同じグループでは役割や学び方が固まってしまう。子どもにはいろいろな人と協力するように伝える。ときどき、くじ引きにしてもよい。

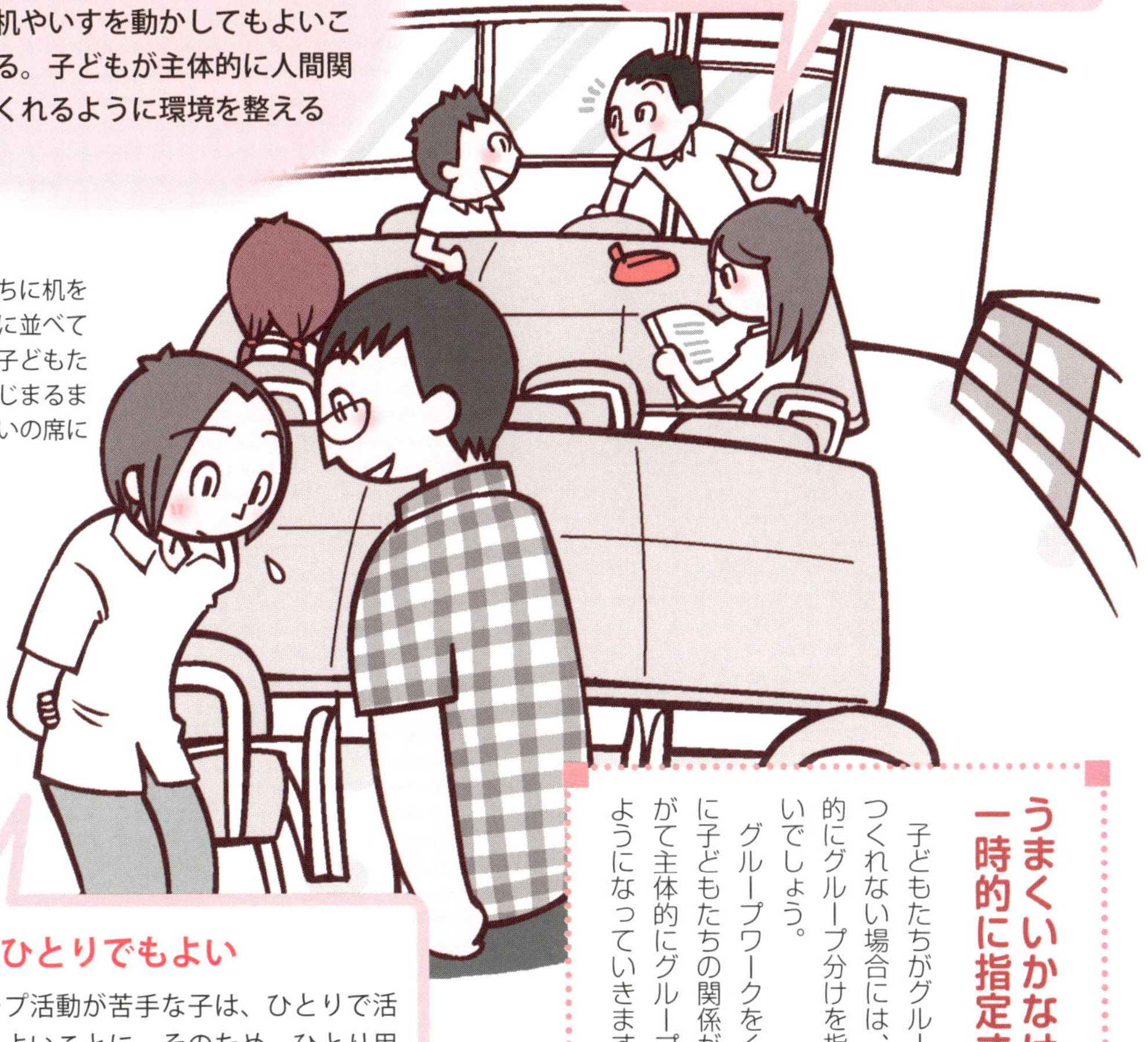

休み時間のうちに机を向かい合わせに並べておくとよい。子どもたちは授業がはじまるまでに、思い思いの席につく

最初はひとりでもよい

グループ活動が苦手な子は、ひとりで活動してもよいことに。そのため、ひとり用の机といすも用意しておく。先生は「誰となら話せる？」と聞いたりしてフォローし、いずれグループに入れるように導く。

うまくいかなければ一時的に指定する

子どもたちがグループをうまくつくれない場合には、先生が一時的にグループ分けを指定してもよいでしょう。

グループワークをくり返すうちに子どもたちの関係が深まり、やがて主体的にグループがつくれるようになっていきます。

やってみよう！

みんなで協力「コンセンサス・ゲーム」

「マッチ棒」「宇宙食」などの道具のなかで、月面で優先的に使うべきものはなんだろうか？

コンセンサス・ゲームとは

グループでひとつの課題について話し合い、合意（コンセンサス）をつくることにチャレンジするゲーム。このゲームを体験すると、話し合いや協力の効果が実感できる。アクティブラーニング型授業の導入に活用できる。

1 ルールの説明を聞く

子どもはプリントを受けとり、説明を聞く。たとえば「月探検中にチームで遭難。15個の道具を使って宇宙船に戻らなければいけない。15個の優先順位は？」といった課題が出る

2 まずひとりで答えを出す

グループをつくるが、最初は相談せず、ひとりで優先順位をつける。答えはプリントに書き出す。所要時間が決まっている

2 「演習」を増やし、子どもの動きをうながす

話し合うことで点数が上がると、全員で喜べる。この体験がアクティブラーニング型授業の理解につながる

Point

多数決にはしない

全員が納得できるのがコンセンサスなので、多数決やじゃんけんで決めてはいけない。話し合うことが重要。誰かひとりがリーダー的に仕切って決めるのもよくない。

協力すると点数が上がる

話し合ってグループの結論を出すと、ひとりで考えた答えよりも点数が上がる場合が多い。反対に、話し合えなかった場合、グループの結論がかえって低い点になる。それで話し合いや協力の効果が実感できる。

3 ほかの人の答えを聞く

全員で順番に答えを発表していく。人の答えをプリントにメモして、自分の答えとどう違うか、比べてみる

4 グループの答えを決める

話し合って「グループとしての結論」を出す。全員が納得できることが重要。それが「コンセンサス」となる

コンセンサス・ゲームのワークシートが、監修者のブログからダウンロードできます。ブログ「授業研究 AL&AL」の 2011 年 5 月 7 日の記事（下記 URL）を参照してください。2011 年 6 月 7 日にも関連記事があります。（2016 年 6 月現在）
http://d.hatena.ne.jp/a2011+jyugyoukenkyu/20110507

演習❷

しゃべること・立ち歩くことをすすめる

科学者とはなにか？

　演習の前に「科学者はどんな生活をしているか」を考えてもらう。子どもたちは「わからないことを人に聞く」「世界中の研究者と協力する」などの答えを出し、学ぶためには話したり協力したりすることが必要だと気づく。

やり方

科学者の生活を例にする

授業の最初に示した「態度目標」（22ページ参照）をもう一度確認。科学者の生活を例として出すとわかりやすい

主体的な学びを引き出す

しゃべったり立ち歩いたりすることを許可するのは、子どもの動きをうながし、主体的な学びを引き出すため

ねらい

近くの人に聞いてもわからないときには、遠くの席まで行き、くわしい人に質問するようになっていく

しゃべることを指示するだけでは話せない子もいる。そのときはまずふせんに意見を書き出し、その後発表する形にすると、とりくみやすい

コツ 所要時間も伝えるとよい

10分以上の演習を完全に子どもまかせにすると、うまくしゃべれなかったり、時間があまったりする場合が多い。最初のうちは手順と所要時間を具体的に伝え、それを足がかりにして、とりくませるとよい

課題を模造紙に書き出し、発表する演習(25分)の例

1. 個人の意見をふせんなどに書き出す……3分
2. その内容を見せ合いながら模造紙に貼っていく……5分
3. 模造紙に書き出す作業の役割分担……2分
4. 内容を整理して模造紙に書き出していく……10分
5. 発表者を決めて発表の練習……5分

立ち歩きを許可するのは難しい

長年、子どもを着席させて授業をしてきた先生は、なかなか立ち歩きを許可できないもの。最初から一気に変えようとせず、まずはしゃべることの許可からはじめてもよい。

保護者へひとこと

立ち歩くことは将来の仕事につながる

しゃべること・立ち歩くことに慣れてしまったら、じっとしていられない子になると思うかもしれません。しかし、そう心配しなくても大丈夫。子どもたちは、退屈して勝手に動きまわっているわけではありません。協力が必要だと感じたときに、しゃべったり立ち歩いたりして、人とやりとりしているのです。それは将来、職場で人と協力するときにも役立つスキルとなります。

演習❸

ほかの子と相談・協力できているか、たずねる

子どもたちが相談・協力する様子を見てまわる。とくにほめたり注意したりしなくてもよい

やり方

止まっていたら質問する

演習をはじめてから子どもの動きが止まっていたら、態度目標が守れているかどうか、質問する

態度目標に気づかせる

質問するのは、授業のはじめに話した態度目標に気づかせるため。気づけば子どもは動き出せる

ねらい

先生は教壇をおりる

　アクティブラーニング型授業では、先生は教壇から指導するのではなく、教壇をおりて子どもの間を歩いてまわり、相談・協力できるようにガイドをする。

質問だけで働きかける　コツ

うまく相談・協力できていないグループがあったら、質問する。説明や指示では一方的なやりとりになり、子どもの気づきにつながりにくい。基本的に質問だけで働きかける

友達に質問できていますか？

グループワークにならず、子どもが個々に活動してしまっていたら、態度目標のことを質問する

批判・禁止・命令をさける

「話さないとダメ」「そのやり方はやめなさい」「言う通りにやって」などと話しかけると、子どもは活動を否定されたと考え、意欲を失ってしまう。

間違えても直さない

　話し合いはできていても、内容が間違っている場合がある。そのときはしばらく様子を見る。待っていると、子どもどうしで解決しはじめる。

上級者向けアドバイス

放任型か、干渉型か

　子どもまかせにして放任型で対応していると、いずれは授業が乱れて強く注意することになり、子どもをおさえこんでしまいます。
　反対に干渉型で、始終ほめたり注意したりしていると、子どもは徐々に先生の反応をうかがうようになっていきます。
　どちらも子どもの主体性が弱くなってしまうので、質問を主体としながら、放任・干渉を適度に使い分けていきましょう。

演習❹

子どもになにか聞かれたら、質問で返す

先生、絶対温度ってどうやって計算するんだっけ？

やり方

答えを教えずに質問で返す

子どもから授業の内容や演習の態度などについて質問されたら、答えを教えずに質問で返す

自分で考えることをうながす

安易に答えを教えず、質問して子どもにもう一度考えさせることで、子どもが自分で答えにたどりつく

ねらい

答えを聞く習慣がついてしまう

質問を受けて答えを教えると、子どもはほかの子ではなく、先生に聞く習慣をつけてしまう。それでは協働的な学びが起こりにくくなる。

従来型の授業では、わからないことを先生に聞いていたため、子どもはつい先生に質問してしまう。先生も同様に、つい答える習慣がついている

質問の例

どうすればいいと
思いますか？

なにをしていますか？
次はなにをしますか？

態度目標のなかに
ヒントは
ありませんか？

コツ

なにを考えているか、たずねる

なにか質問されたら、子どもにそのテーマについてどう考えているか、質問する。質問によって子どもの考えや気づきをうながす。質問で会話を終わらせ、解説はしないでサッと立ち去るのがポイント

子どもは先生の質問をヒントにして、考えはじめる。プリントに書かれた態度目標を読み直したりする

たまには答える

子どもたちがプリントを使っても内容が理解できず、苦しんでいたら、質問に答えてサポートするのもよい。たまには答えてもかまわない。

質問したら その場を去る

質問したあと、そのまま残っていると、子どもはまた先生に聞いてしまう。子どもどうしの会話にならない。先生は質問が終わったらすぐにその場を去る。

やってみよう！

アクティブな学びをうながす3つの質問

1 チームで協力できていますか？

子どもたちに、態度目標の確認をうながす質問です。こう問いかけると、子どもが左右を見て、まわりの子と話し合えていなかったと気づくことがあります。演習の前半で投げかけたい質問です。より具体的に、「どんなふうに協力していますか？」と聞くのもよいでしょう。

叱っているような印象をもたせないために、視線を子どもたちに合わせ、明るい表情で質問する

2 あと○分ですが、順調ですか？

せき立てるために聞くわけではないので、笑顔でおだやかに

作業の進行度を確認させるための質問です。所要時間内に終わるかどうか、子ども自身に考えさせます。この質問によって、子どもはしめきりを意識するようになります。時間に合わせて「あと５分」「あと２分」と段階を分けて聞くのもよい方法です。

3 ○○さんはどう思いますか？

質問を活用して、ほかの子を巻きこむ。協力のきっかけになる

子どもから質問を受けたときに、その問いをほかの子に投げかけます。そうすることで、子どもどうしの対話のきっかけをつくり、協働的な活動をうながすことができます。

効果を見ながら調整していく

３つの質問はいずれも授業で活用しやすいものですが、最初からうまく使うのは難しいかもしれません。

見本の通りに話しても、子どもを責めるような口調だったり、話すタイミングが悪かったりして、効果が出ない場合もあります。

実際に質問してみて、効果を見ながら、適切な言い方を考え、調整していきましょう。

演習❺

時間配分をあらかじめ伝え、それを厳守する

ホワイトボードなどに示す

黒板やホワイトボードなどに、授業の予定を掲示する。問題演習○時○分、確認テスト○時○分と具体的に示す。

やり方

予告通りに進める

授業をはじめるときに演習の時間、テストの時間を予告する。その通りに淡々と作業を進めていく

パフォーマンスの向上

時間を厳守すれば、子どもたちは時間内に作業を終わらせようとする。パフォーマンスが向上する

ねらい

掲示するだけでなく、口頭でも伝えておく。また、作業を進めているときにも「あと○分」と、時間を意識させることを言う

淡々と進めていく コツ

時間厳守といっても、子どもをせかす必要はない。予定の時刻がきたら淡々と作業を進める。子どもたちは、最初は抵抗を示しても、数回同じことを続けるうちにしめきりを意識できるようになっていく

予告通りに授業を進めていく。子どもたちの作業が終わっていなくても、次の作業に入る

「早く」とせかさない

時間を気にして「早く」とせかすと、子どものパフォーマンスは落ちる。無理に間に合わせようとしなくてよい。

上級者向けアドバイス

子どもの意見もとり入れて

原則的には時間を守ったほうがよいのですが、子どもたちがいつも同じ作業で時間に追われ、苦しんでいる場合には、彼らの意見を聞いてみましょう。

問題数が多すぎたり、話し合いの時間が短すぎたりして、元々の時間設定に無理があるのかもしれません。その場合には、次回の授業から時間配分を変更します。

「あと10分」とせがまれたら

「おしいね」などと理解を示しながらも、「でも時間だからね」としめきりを伝え、予定通りの作業をはじめる。

演習❻

うまくいかなかったら中断してもよい

このやり方では
うまくいかないな。
ごめん。今日はやめましょう

やり方

中断してやり方を見直す

計画通りに進まないときは、アクティブラーニング型授業を中断。従来型の授業に切り替えて乗りきる

子どもに無《む》理《り》強《じ》いをしない

うまくいっていないのにそのまま進めれば、子どもに無理を強いることになる。それをさける

ねらい

質問を活用するなどの工夫をしても授業がうまく進まないときには、中断することを決める

中断を宣言する

なにも説明せず、いきなり形式を切り替えると子どもが混乱する。授業を中断するときは、はっきりと宣言したほうがよい。

このあとは、プリントの課題にとりくんでください。いまから配ります

子どものせいにしない

中断を子どものせいにしてはいけない。中断するのは、先生がうまく授業を進められなかったから。それを子どもたちに伝える。子どものせいにすると、それ以降、子どもは先生の顔色をうかがうようになってしまう

コツ

自分のミスで中断することを伝え、あらかじめ用意しておいたプリントを配る。子どもたちはホッとする

責任は先生にある

「私の計画がうまくできていなかった。この方法はやめましょう」と、自分の責任で中断することをはっきりと伝える。

代替案は用意しておく

失敗したら躊躇《ちゅうちょ》なく中断できるように、代替案をあらかじめ用意する。シンプルな課題をまとめてプリントにしておくとよい。

中断した場合、いつ再開するのか

いつから再開してもかまいません。すぐ次の回からまたチャレンジするのもよいでしょう。考えを整理してから再開するのも、よい方法です。

問題のつくり方などを見直す必要があり、準備に時間がかかるのなら、それまでは従来のやり方で授業を進めましょう。あせって再開する必要はありません。

アクティブラーニングがよくわかるQ&A

話し合いを増やすことで、子どもの行儀が悪くなったり、集団がかたよって仲間はずれの子が出たりして、問題になることはないのでしょうか。

Q 私語・離席は行儀が悪い？

子どもが授業中にしゃべること、立ち歩くことを許しても、大丈夫なのでしょうか。子どもたちの行儀が悪くなり、収拾がつかなくなるのではありませんか？

A 説明が適切なら行動も適切に

私語や離席を許しても、同時にその目的を伝えれば、子どもたちの行動は乱れません。

これまでにも解説した通り、アクティブラーニング型授業で子どもが私語や離席をするのは、ほかの子と協力しながら、授業の内容を理解していくため。それをきちんと説明することが重要です。

子どもたちは、最初は授業と関係のないおしゃべりをすることもあるかもしれません。

しかし、問題演習をくり返すなかで授業の目的を理解し、その効果を実感すれば、適切な行動が身についていきます。

私語といっても、授業の内容に対する質問や相談なので、ふざけて行儀が悪くなることはない

Q できない子にはどう対応する？

グループワークをうながしても集団に入れない子や、集団に入ってもしゃべれない子には、先生が個別にサポートをしたほうがよいのでしょうか？

A 最初のうちは多少のサポートを

集団行動が苦手な子には、最初は先生がある程度サポートをしたほうがよいでしょう。グループに入れなければ、先生が1対1で質問を受ける機会をつくります。話しやすい友達との会話をうながすのも、ひとつの方法です。**そのうちに人間関係ができ、グループに入れるようになっていきます。**

最終的にはグループに入ることをめざし、それまでの間、一時的にサポートをおこなうわけです。

いっぽう、先生が支えなくても、まわりの子が苦手な子を自然にフォローすることがあります。クラスで主体的・協働的な活動ができているので、その場合には手を貸さずに見守っていましょう。

A 子どもに発達障害がある場合には

自閉症スペクトラムやADHDといった発達障害があり、集団行動をとくに苦手としている子の場合には、個別のサポートが必要です。その子の特徴に応じて、書面でのやりとりを増やすなどの配慮をおこないます。ただしその場合にも、つねに先生だけで支えるのではなく、ほかの子にも理解や配慮を求めましょう。

まわりの子に、苦手な子への協力をうながすのもよい。子どもどうしで支え合えるようになる
苦手な子ども本人をサポートする。集団に入れなければ、しばらくの間は先生が1対1で話す

COLUMN

学習に欠かせない「コンフォートゾーン」

安心・安全の場をつくることが重要

アクティブラーニング型授業では子どもたちに積極的な発言や行動をうながしますが、そのためには「安心・安全の場」をつくることが重要です。

人は誰でも、不安が強いときには発言や行動をひかえます。なにをしても否定されると思ったら、なにもできなくなるでしょう。それとは反対に、なんでもまず聞いてもらえる環境では、発言しやすくなるはずです。

先生はただグループワークを設定するだけでなく、話しやすい環境をつくることも心がけてください。日頃から子どもの発言を否定しないことが大切です。

パニックゾーン Panic Zone

パニックは不安という意味。不安を感じる空間。しかし、だからこそ多くを学べる。たとえていえば庭の外の荒野。未知の動植物を見ることができるが、危険もある

ストレッチゾーン Stretch Zone

ストレッチは広がりという意味。ストレッチゾーンは、安心できる空間から少し行動範囲を広げるイメージ。たとえていえば家の庭。寒ければすぐに家へ入れる

コンフォートゾーン Comfort Zone

コンフォートは安心という意味。安心・安全の場。いつでもここに戻ってこられるから、外のゾーンにチャレンジできる。たとえていえば家の中

どんな話でも先生はまず聞いてくれるという安心感があれば、積極的に発言できる

3 最後に「振り返り」で理解を深める

問題演習が終わったら、次に「確認テスト」をおこない、
子どもたちにもう一度、学習内容の確認をうながします。
そして最後に、その日の授業の感想を書き出してもらいます。
子どもたちは一連の活動を振り返ることで、
授業の内容に対する理解が深まり、次回の課題にも気づくのです。

この章を読む前に

第３章は授業の「振り返り」の解説です。アクティブラーニング型授業では、最後に必ず振り返りの時間をもうけます。どんな作業をするのでしょうか。知っていることがあれば、書いてみてください。

ラスト15分は授業を振り返る時間に

従来は振り返りがない

　講義型の授業では、多くの場合、先生が時間いっぱいまで話し続け、最後にその日の内容をまとめて終わります。子どもが自分で学習内容を振り返る機会がありません。

授業の終了を知らせるチャイムの音を聞いて、先生は講義をやめ、子どもたちは教科書やノートをしまう

先生ではなく子どもがまとめる

　従来の講義型授業では、最後に先生が話をまとめて終わるのがふつうですが、アクティブラーニング型授業では、先生ではなく、子どもが自分で考えをまとめます。

　先生は授業の最後に振り返りの時間をつくり、子どもたちにテストやカードを渡します。子どもはテストでその日の学習内容を確認し、カードには授業で気づいたことなどを書き出します。

　一連の作業を通じて、子どもはその日学んだことをより深く理解します。そのためには、先生が結論を示すのではなく、子ども自身に考えさせることが大切です。それが振り返りのコツです。

振り返りの時間をつくる

アクティブラーニング型授業では、最後に振り返りの時間をもうけます。内容を理解できたか、学習態度は適切だったかと、子どもが自分で考え、テストやカードに書き出します。その過程で、子どもたちはさまざまな気づきを得ます。

アクティブラーニング型授業に！

その日の学習を振り返る

テストを実施して、学習内容への理解度を確認する。また、子どもどうしでその日の学習態度について話し合う機会をつくり、子ども自身の振り返りや気づきをうながす。その結果をカードに書いて提出してもらう

確認テスト
（54ページ参照）

↓

相互採点
（56ページ参照）

↓

リフレクションカード
（58・60ページ参照）

子どもたちはその日の授業で学んだことを、グループで話し合いながら書き出していく

問題をへらしてでも時間をつくる

授業中は教科書を読み進めることや問題演習だけでも手一杯で、振り返りの時間はとれないという先生もいます。しかし、問題の数をへらしてでも振り返りをしたほうが、学習効率が上がります。

振り返る機会をつくれば、子どもはなにかに気づきます。気づけばそれを次回以降の目標や計画につなげられます。その作業が、学習の質を向上させるのです。

振り返り❶

学んだことの確認テストをおこなう

まずはひとりでチャレンジ

確認テストは問題演習とは異なり、子どもがひとりでとりくむ。ただし、解けなければまわりの子に聞いたり、解説を見たりしてもよい。

やり方

最後にひとりで問題を解く

演習でも使った問題を、もう一度出す。今度は子どもたちがそれぞれひとりでとりくむ。教室が静かになる

思考力と理解度が上がる

子どもは問題に何度もとりくみ、答えを書き出すことで、論理的な思考力をみがける。また、内容への理解度も上がる

ねらい

時間がきたら確認テストをスタート。テストといっても演習と同じ問題なので、子どもはあわてずにとりくめる

同じ問題だからできること

一度解いた問題なので、時間をかけず、戸惑わずにとりくめる。効率よく復習ができ、理解が定着しやすい。

コツ

演習と同じ問題にする

演習で使った問題の一部を、確認テストとしてもう一度使う。まったく同じ問題でかまわない。問題数は時間に応じて調整する。同じ問題だからこそ、子どもは安心して、自信をもってとりくめる

演習ではほかの子にほとんど教えてもらったという子も、確認テストにはひとりでとりくむ。より主体的になり、理解が深まる

解答を書く作業に意味がある

同じ問題でも、ひとりで図や式、計算などをあらためて書き出してみると、考えが整理される。思考力の訓練にもなる。

保護者へひとこと

なぜテストの答えを教えてしまうのか

子どもたちは問題演習や確認テストにのぞむ際、その解答を手元にもっています。解答・解説のプリントに、問題の正解も解き方も書いてあるのです。

答えがわかっては勉強にならないと思うかもしれませんが、なぜその答えになるのかを推論し、自分自身でその過程を書き出すことは、思考力の訓練になります。また、正解がわかるからこそ落ち着いてとりくむことができます。

答えを教えることには、意味があるのです。

振り返り❷

テストの採点は子どもどうしで

テストが終わった子は、ほかの子と答案を交換して採点。この作業も主体的・協働的におこなう

やり方

テストを相互に採点して満点に

子どもたちに確認テストを相互採点させる。正解だけでなく、途中まででもできていれば満点としてよいことにする

全員が教科を嫌いにならない

テストをすぐに採点し、満点にすることで、子どもたち全員が自信をもてる。その教科を嫌いにならなくて済む

ねらい

交換相手は決まっていない

先生はテストの交換相手を指定しない。相互採点することだけを説明して、やりとりは子どもどうしにまかせる。

コツ

間違っていても満点にする

採点基準を厳しくしないように説明する。正解には丸をつけ、間違っていたら直して丸をつける。途中までできていたら、そこに丸をつける。いずれにせよ満点になるように採点し、全員がその日の内容をある程度理解できたことを確かめ合う

テストの返却は通常であれば緊張し、ストレスを感じるものだが、確認テストは全員が満点なのでなごやかな雰囲気に

花丸をつけて返す

子どもには、ほかの子のテストを満点にしたうえで、派手な花丸をつけて返すように伝える。そのようなやりとりが、達成感につながる。

答えより過程を重視

正解を書くことも重要だが、それ以上に、問題を解く過程を重視する。途中まででも、間違っていても、自分で考えて書けていれば、それを評価する。

点数を隠す子がいなくなる

通常のテストでは、多くの子が自分の点数を隠します。よい点でも悪い点でも、人に知られたくないのでしょう。しかしそれでは、わからないことを人に質問できません。知っていることを人に教える機会も、もてないでしょう。

確認テストで全員を満点にすると、そのようなすれ違いはなくなります。満点でも途中までしかできなかったときには、まわりの子に聞けるようになるのです。

自分の考えや理解度を自己開示することは、じつは学習するうえでとても重要なポイントです。

振り返り❸

カードに成果を書き出してもらう

質問は３つ

1 態度目標の確認。態度目標にそって活動できたか。それについて気づいたこと、今後実践しようと思ったことはなにか。

2 内容目標の確認。授業でわかったこと、わからなかったことはなにか。もっと知りたいことはあるか。

3 そのほかのこと。授業について気づいたこと、改善のためのアイデア、先生へのリクエストなど。

やり方

リフレクションカードを使う

確認テストとは別に「リフレクションカード」を用意する。カードには授業の感想などを書き出してもらう

学んだこと・できたことに気づく

授業に対してどのようにのぞみ、なにを学んだかを、子ども自身に考えさせる。子どもはその日の成果に気づく

ねらい

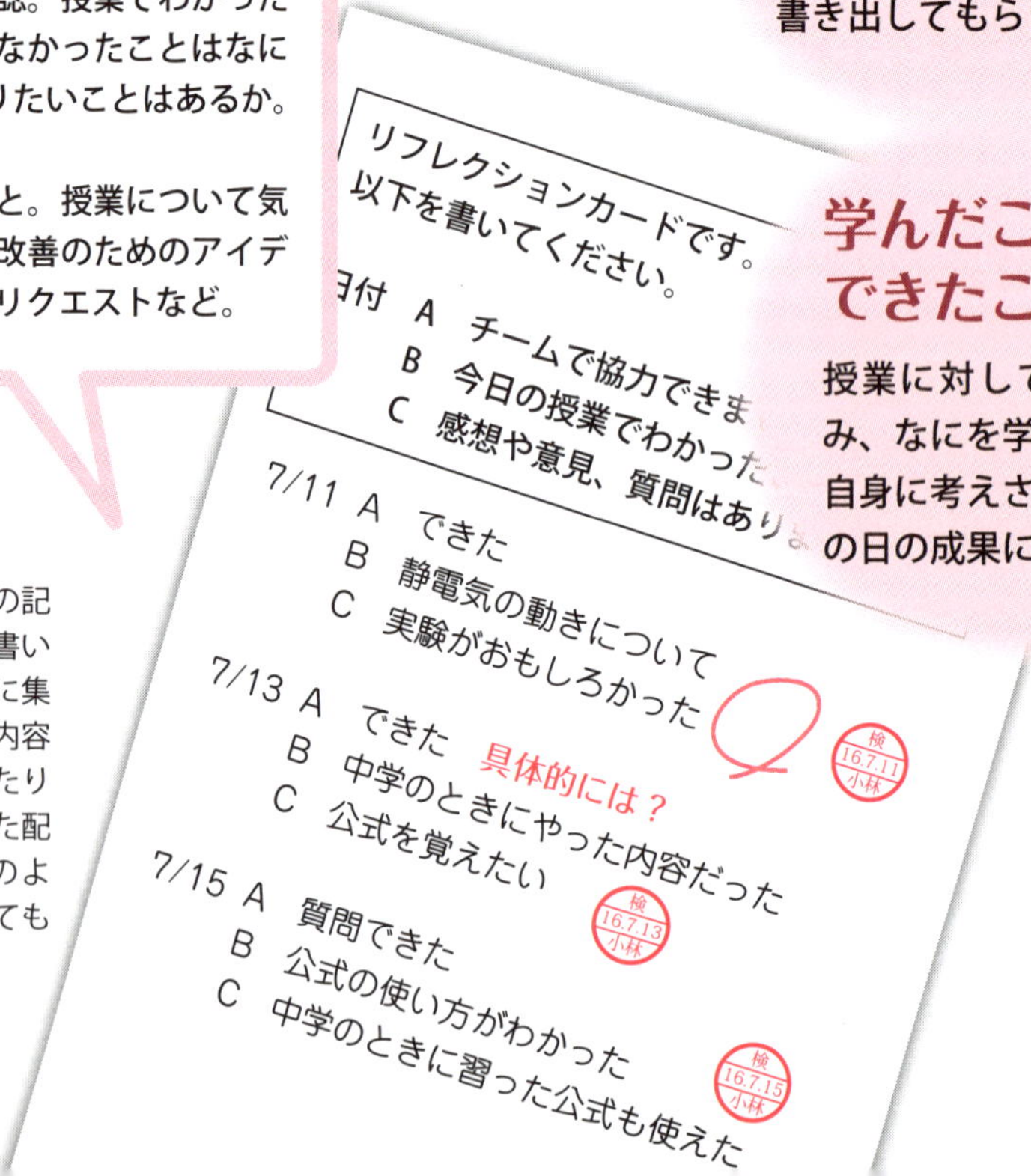
リフレクションカードです。
以下を書いてください。
日付 A チームで協力できま
B 今日の授業でわかった
C 感想や意見、質問はありま

7/11 A できた
B 静電気の動きについて
C 実験がおもしろかった
検 16.7.11 小林

7/13 A できた 具体的には？
B 中学のときにやった内容だった
C 公式を覚えたい
検 16.7.13 小林

7/15 A 質問できた
B 公式の使い方がわかった
C 中学のときに習った公式も使えた
検 16.7.15 小林

リフレクションカードの記入例。このように毎回書いてもらい、授業の最後に集める。先生は授業後に内容を確認し、検印を押したりして、次回の授業でまた配る。「具体的には？」のように、コメントを書いてもよい

自分のことを考えさせる

リフレクションとは反射のこと。子どもが鏡を見るようにして自分の内面に目を向け、自分自身の考えや学習、成長、実践に気づくように導きたい。「先生の授業のどこがよかったか」ではなく、「あなたはなにを学んだか」という形で質問する

コツ

子どもたちの記入例

- 先生に教えてもらうより、自分でわかるほうがうれしい
- 友達には質問しやすかった。先生より聞きやすい
- 友達に教えると、自分で学ぶよりもっとよくわかる
- 今日はあまり質問できなかった。次はがんばる
- 教科書を読み直したら、うまく説明できた

子どもは授業で自分がなにをしたかを思い出す。先生がなんと言っていたかは、振り返らなくてもよい

授業を評価させない

自由記述欄で授業の感想を聞くのはよいが、子どもに授業を採点させたり、評価させたりするのはよくない。子どもが先生の反応を気にして、本心を書かなくなる。

内容に点をつけない

リフレクションカードの内容を評価しない。どのような気づきでも、その子の成長につながる。気づけたこと自体を評価する。

上級者向けアドバイス

記名式にすれば やりとりしやすい

無記名のほうが子どもの本心が出やすいと思うかもしれませんが、そうでもありません。

リフレクションカードは秘密を聞き出すようなものではないので、子どもたちは記名式でも率直な答えを書きます。授業が安心・安全の場になっていれば、子どもたちは自己開示できるのです。

記名式で書いてもらえば、カードをきっかけとしたコミュニケーションをとりやすく、そうしてやりとりすることが、授業の改善につながる場合もあります。

振り返り❹

目標を達成できたか、たずねる

やり方

振り返るためのヒントを出す

子どもがカードを書くのに苦労していたら、「協力はできましたか？」「どんなふうに？」などと質問して、振り返りのヒントを出す

気づきがより具体的になる

質問によって、子どもがより深く考えられるようになる。振り返ったときに、より具体的な気づきを得る

ねらい

最初からスラスラと書き出せる子は少ない。具体的な例をあげて質問し、子どもの気づきをうながしたい

コツ

大げさに ほめたりしない

子どもたちの気づきに対して、いちいちほめたり注意したりしないほうがよい。カードの記述も報告も、あっさりと受け止める。気づいたことをどういかしていくかは、子ども自身にまかせる

子どもが、気づいたことをうれしそうに報告してきても、過度にほめたり、解説したりしなくてよい

あっさりと受け止める

子どもが気づいたことを報告してきたら、よいとも悪いとも言わない。評価せず、「そうなんだ」と受け止めるだけにする。

次の行動を指示しない

子ども自身が気づいて次の計画を立てることが重要。子どもに次にすべきことを指示しないほうがよい。自分で気づくのを待つ。

振り返りは練習するうちに上達していく

目標を達成できたかどうかと問いかけてみても、最初のうちは多くの子が「できた」「できなかった」などの簡潔な答えを返してくるでしょう。最初はそれで十分です。

最初はひとことでも、何度もカードを渡したり、質問したりしているうちに、子どもの振り返る力が育っていきます。時間をかけてとりくみましょう。

アクティブラーニングがよくわかるQ&A

振り返りの時間にはテストを実施し、カードの提出を求めますが、先生はその結果をどのように評価すればよいのでしょうか。

Q なにも書けない子がいたら？

意見や感想をうまく書けない子もいますが、そういう子にもリフレクションカードは必ず書かせなければいけないのでしょうか。なにか対応法はありますか？

A ほかの子どもたちの記入例を見せる

日頃から自分の活動を振り返り、言語化する習慣をもっている人は、そう多くはいません。**最初はうまくいかなくて当然です。それでも、書く習慣はつけてもらいましょう。**

対応法はあります。授業後に全員のカードを回収したら、その答えを書面にまとめ、記入例として印刷します。複数の例をあげ、記入者の名前はふせます。

次回の授業で、**その記入例を全員に配ります。どの子にとっても、振り返りのヒントになります。**

みんなの意見や感想をまとめました。参考にしてください

よい例を紹介するのではなく、あくまでも参考として、多くの例を見せるとよい

Q 結果を成績に反映する？

確認テストやリフレクションカードの結果を、成績に反映させたほうがよいでしょうか。そうしなければ、真剣にとりくめないように思えますが……。

A 結果より過程を重視する

振り返りの作業に真剣にとりくんでもらうためのコツは、結果を求めないことです。

先生がテストやカードの結果にこだわらなければ、子どももこだわりません。結果より過程を重視しましょう。振り返りの作業を通じて子どもがどんなことに気づけたか、その内容に目を向けてください。

A 成績とは関係なく実施する

テストやカードの結果が成績に関わるとわかれば、子どもたちはより適切な答えを書こうと努力します。自分が感じたことよりも、先生が評価しそうなことを優先するようになるのです。

それでは、振り返りになりません。子どもの主体性は失われ、アクティブラーニングは起こらないでしょう。

振り返りの作業は、成績とは切り離して実施してください。なにを書いても、なにも書けなくても、成績とは関係ないということを明確に示しましょう。そうすれば、子どもたちは率直な気持ちを書けるようになります。

確認テストやリフレクションカードを成績に反映する
どちらも優等生的な反応ばかりになり、意味がなくなる

子どもが「なにを書けば先生が喜ぶか」ということを気にしてしまう

COLUMN

ビジネス界の「経験学習モデル」を参考に

経験学習モデル

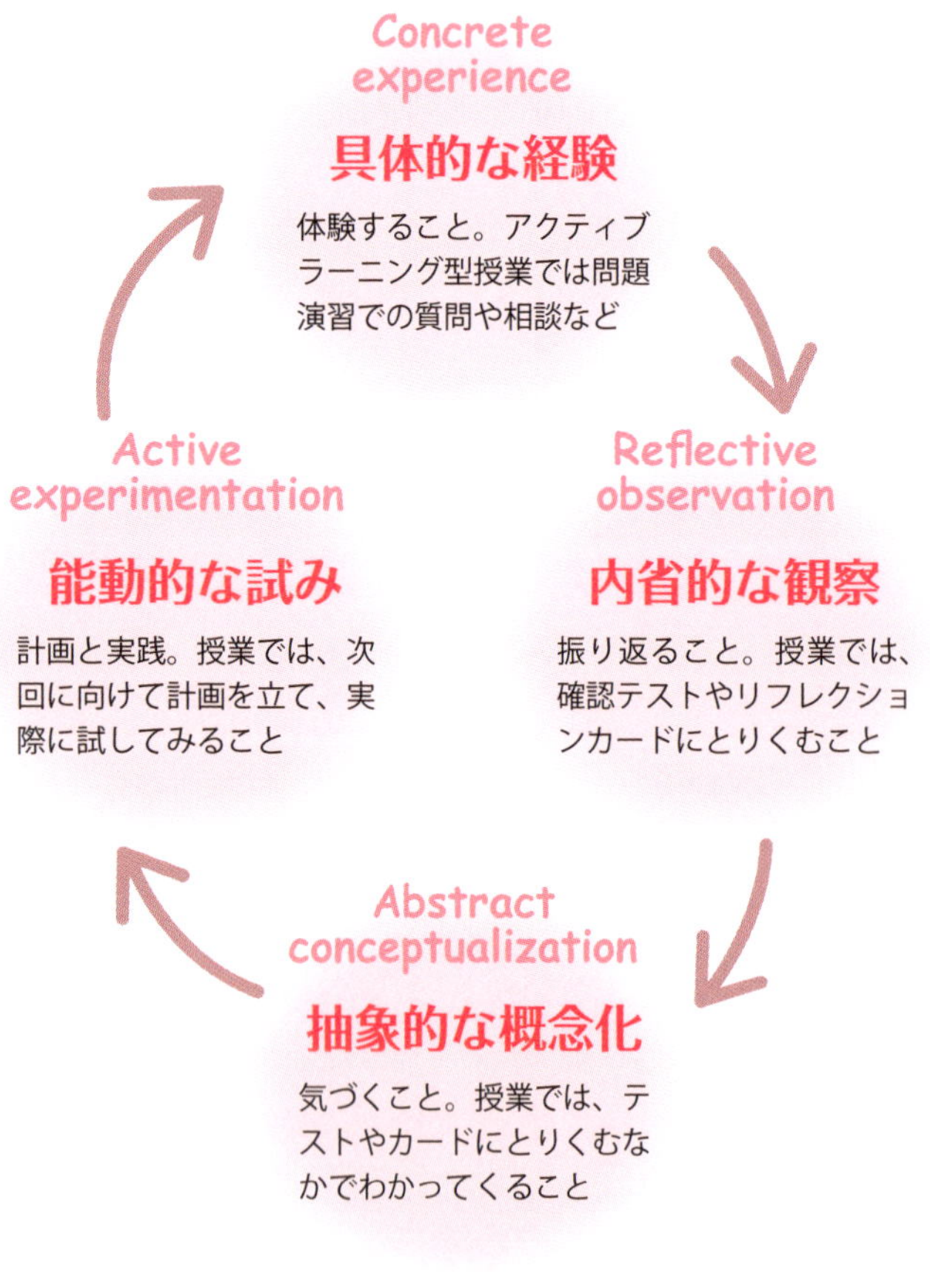

Concrete experience
具体的な経験
体験すること。アクティブラーニング型授業では問題演習での質問や相談など
Reflective observation
内省的な観察
振り返ること。授業では、確認テストやリフレクションカードにとりくむこと
Abstract conceptualization
抽象的な概念化
気づくこと。授業では、テストやカードにとりくむなかでわかってくること
Active experimentation
能動的な試み
計画と実践。授業では、次回に向けて計画を立て、実際に試してみること

学習のプロセスを考えるヒントになる

ビジネス界の理論にも、振り返ることの重要性を説くものがあります。組織行動学者デイビッド・コルブの提唱した「経験学習モデル」です。

コルブは、人はただ体験しただけで学べるのではなく、体験を内省し、気づきを得て、次の機会に試すことで、学習・成長するのだと説明しています。そうして経験をくり返していくサイクルを、経験学習モデルとしたのです。

そのようなサイクルを頭に入れておくと、アクティブラーニング型授業の進め方をイメージしやすくなります。ぜひ参考にしてみましょう。

やってみよう！

ここまで読んだことの「振り返り」

振り返りの作業とは、どのようなものなのか。ここで体験してみましょう。本書をここまで読んできた体験について、振り返りの作業をしてください。1～3の質問を読み、答えをノートやメモ帳などに書き出してみましょう。

1

本書を読んで気づき、ノートやメモ帳に書きとめたことはありますか？　また、各章を読む前に、知っていること・実践していることを書き出せましたか？

2

本書をここまで読んでみて、わかったことはなんですか？わからなかったことや、もっと知りたいことはなにかありますか？

3

アクティブラーニング型授業について、なにか意見や感想はありますか？　実践してみたいと思うことはあったでしょうか。

答えを書き終わったら、次のページへ

ここまでのページを読み返してみて、なにがわかり、なにがわからなかったのかを振り返ってみよう

ここまでなにも書きとめずに読んできた人は、ここで目標を確認し、ノートやメモ帳をとり出してから第４章以降を読もう

1 目標を再確認しておこう

気づいたことを書きとめるのは、いわばこの本を読むときの「態度目標」です。11 ページ下部の文章で、目標をもう一度確認してみましょう。

2 わかったことを人に教えよう

ただ読むだけでなく、わかったことを人に教えたり、わからなかったことを人に聞いたりすると、理解が深まります。

3 ほかの人にも読んでもらおう

意見や感想を人と話し合うと、より豊かな気づきになります。同僚や家族など、ほかの人にもこの本を読んでもらい、感想を聞いてみましょう。

ほかの人とのやりとり

本を読むだけでなく、感想を書きとめるようにすれば、読書がより主体的になる。さらに感想をほかの人と話し合えば、協働的な読書に。読書を通じてアクティブラーニングが起こる。

Point

4 アクティブラーニングでなにが変わるのか

ここまでの3章でアクティブラーニング型授業の
具体的な手順やねらいを解説してきましたが、
アクティブラーニングとはなにか、わかりましたか？
ここであらためて、アクティブラーニングの
定義や効果を確認しておきましょう。

この章を
読む前に

第4章ではアクティブラーニングの基礎知識を解説します。定義や効果を紹介していきますが、アクティブラーニングにはどんな効果があるでしょうか。ここまでの章を読み直しながら、書き出してみてください。

黙って聞くだけではない、新しいタイプの学び方

さまざまな定義がある

アクティブラーニングを直訳すれば「能動的な学習」となります。しかしその言葉だけでは、アクティブラーニングの多様な性質はなかなか理解しきれません。

そこで、京都大学の溝上教授の定義を参考にしてみましょう。上記の通り、溝上教授はただ聞くだけの学習を「（受動的）学習」と説明しています。それに対して、別の学び方としてアクティブラーニングがあると述べています。

本書は、この考え方を参考にしています。アクティブラーニングとはひとつの学び方であり、それが起きる授業をするのが、先生の仕事だということです。

アクティブラーニングの定義

アクティブラーニングにはさまざまな定義がありますが、本書では京都大学高等教育研究開発推進センターの溝上慎一《みぞかみしんいち》教授の定義を参考としています。

アクティブラーニングとは

一方向的な知識伝達型講義を聴くという（受動的）学習を乗り越える意味での、あらゆる能動的な学習のこと。能動的な学習には、書く・話す・発表するなどの活動への関与と、そこで生じる認知プロセスの外化を伴う。

溝上慎一著『アクティブラーニングと教授学習パラダイムの転換』（東信堂）より

●文部科学省では

教員による一方向的な講義形式の教育とは異なり、学修者の能動的な学修への参加を取り入れた教授・学習法の総称

文部科学省・中央教育審議会「新たな未来を築くための大学教育の質的転換に向けて～生涯学び続け、主体的に考える力を育成する大学へ～（答申）」（平成 24 年 8 月 28 日）より

課題の発見と解決に向けて主体的・協働的に学ぶ学習（いわゆる「アクティブ・ラーニング」）

文部科学省・中央教育審議会「初等中等教育における教育課程の基準等の在り方について（諮問）」（平成 26 年 11 月 20 日）より

アクティブラーニング型授業とは

学習者にアクティブラーニングが起きることを含むすべての授業形式。（形式・スキルのしばりがない→実践者にとっては有用）

なぜいま注目されているのか

今後、学習指導要領や大学入試にアクティブラーニングの考え方がとり入れられるといわれていて、教育界を中心に注目が集まっています。また、アクティブラーニングは教科学習だけでなく、キャリア教育としても機能するため、その点でも期待されています。

制度面では

学習指導要領の改訂

文部科学省は、学習指導要領を次に改訂する際、初等中等教育（幼稚園・小学校・中学校・高校）でのアクティブラーニングの導入をより強く進めることをすでに示している。学習指導要領は平成28年度中に改訂される見こみ

大学入試の改革

文部科学省は大学入試の改革をすでに示している。今後、センター試験が廃止され、平成32年度からは知識だけでなく思考力・判断力・表現力も問う「大学入学希望者学力評価テスト（仮称）」を実施することになっている

制度の変更がせまっているため、ニュースでとりあげられることが増えている

機能面では

キャリア教育としての機能

アクティブラーニングを通じて、子どもは人間関係形成力を高めたり、自己理解を深めたりすることができる。それは将来働くときにも役立つスキル。アクティブラーニングはキャリア教育としても機能する

教科学習としての機能

思考力などを高めるだけでなく、教科学習としてもしっかりと機能する。子どもたちは各教科の内容を主体的・協働的に学ぶようになっていく。従来型の授業に比べて、子どもどうしで教え合うことが増える

人と協力するスキルが育つ。そのスキルは将来、職場でも役に立つ

3回続けると、子どもが変わりはじめる

すぐに効果が出なくてもあきらめないで

アクティブラーニングは、従来の学習とは異なる、新しい学び方です。そのように言葉で説明するのは簡単ですが、アクティブラーニングが起こる授業を実現するのは、そう簡単ではありません。

ただ、授業の改善がうまく進まないからといって、あきらめないでください。1回で成功させる必要はありません。授業は1年間続きます。1年間かけて試行錯誤し、新しい授業を少しずつつくっていきましょう。

最初はうまくいかなくても、数回くり返していると、先生のスキルにも子どもの反応にも、変化が見えてくるものです。

最初の３回はお試し期間に

アクティブラーニング型授業をはじめるときには、先生と子どもたちの間で「3回はお試し期間」と約束するとよいでしょう。最初はうまくいかないかもしれませんが、2回、3回とくり返すうちに理解が進み、効果が実感できるようになります。

最初は子どもたちが「え～」「そんなの無理」などと不満の声をあげることもある

最初は先生も子どもも戸惑う

授業に対する考え方を変え、形式も変更するため、最初のうちはどうしても戸惑う。子どもたちだけでなく、先生も迷いや不安を感じる

あきらめずに試行錯誤をする

戸惑って実践がうまくいかなくても、あきらめずに試し続ける。試しながら、先生と子どもたちで改善方法を探っていく

お互いにわかってくる

数回くり返すことで、子どもたちは授業の形式を理解しはじめる。先生も、子どもたちにどのように接すればよいかがわかってくる。

Point

3回目になると、問題演習の形式にも慣れ、キビキビと動けるようになってくる

3回くらいで慣れてくる

あきらめずに何度か試していると、先生も子どもたちも慣れてくる。戸惑いがへり、行動の切り替えがスムーズになる

効果

子どもたちの学習意欲と態度が変わる

子どもたちが授業の効果を実感しはじめ、積極的にしゃべったり立ち歩いたりするようになっていく。学習意欲が高くなり、態度も前向きになる

形式や道具にこだわらないで

アクティブラーニング型授業を実践するときのポイントのひとつが、形式や道具にこだわらないこと。本書で紹介している、説明を15分にへらす形式や、そのためにプリントをつくる作業は、どちらも授業の改善の一例です。その通りの方法でなくても、アクティブラーニングは起こります。

本書をひとつのモデルとしていろいろと試すのはよいのですが、うまくいかないときには方法を見直しましょう。

得意なスタイルは先生や子どもによって異なります。

パソコンが苦手なら、手書きでプリントをつくる。試行錯誤しながら、自分なりの方法を見つけていく

アクティブラーニングの効果

ものごとを「主体的」に学ぶ力がつく

先生主体の学習では……

従来の授業では、どうしても先生主体の学習になりがちです。先生が学び方を指導して、子どもはそれに合わせて行動します。子どもが主体的に学ぶ姿は、それほど多くは見られません。

厳しい先生の授業では、子どもが「叱られないこと」を目標にしてしまう場合もある

質問や相談が少ない

先生が一方的に説明する形式の場合、子どもが質問や相談をする機会が少ない。子どもが考えを外に出さない

先生好みの行動に

子どもは先生の指示に合わせて行動する。叱られることを嫌がり、先生好みの行動をとろうとすることもある

子どもは自分で考え、学ぶようになっていく

子どもたちは、問題演習に自分たちの力でとりくみ、先生を頼らずに教科学習をおこなうことで、ものごとを主体的に学ぶ力をつけていきます。

それまで「先生に叱られないこと」を目標にして余計な発言をさけていた子も、アクティブラーニング型授業を経験すると、先生やほかの子に質問や相談を積極的にするようになります。

先生にとっては、説明しすぎないことや指示しすぎないことが重要です。長く働いてきた人ほど、つい子どもに説明や指示をしてしまいがちです。子どもの主体性を意識するようにしましょう。

主体的に学べるように

アクティブラーニング型授業では、先生は指示や注意をできるかぎりひかえ、子どもが自分で考えるのを待ちます。先生がおこなうのは、目標の提示と、ときどき子どもに質問して考えをうながすことです。子どもは主体的に学ぶ力をつけていきます。

効果

自分で考える力がつく

先生は説明をコンパクトに終える。あえて説明しない部分をつくり、子どもが考えたり調べたりする余地を残す。それによって、子どもに自分で考える力がつく

先生から教えられて理解するよりも、自分たちの力で調べて理解したときのほうが、子どもたちは喜ぶ

効果

課題対応力が上がる

先生は、問題の解き方もくわしく指示しない。子どもたちは問題演習の経験を通じて、課題に対応する力を伸ばしていく

効果

創造力が鍛えられる

子どもたちは問題にとりくむなかで図を書いたり、新しい解き方を考えたりして、創造力を鍛えていく。ほかの子の答えを見ることも参考になる

教育とは手放すこと

教師の仕事は、子どもの自立を支援することです。子どもが将来、社会に出てひとりで生活していけるように、さまざまなことを教えているのです。指示をひかえ、子どもの主体的な活動をうながすことには、まさにそのような教育的意義があります。教育の目標は、相手を「手放すこと」なのです。

友達と「協働的」にとりくむ力も育つ

競争中心の学習では……

従来の学習では、知識をたくわえて人よりもよい点をとることが、目標となりがちです。授業にグループワークがあっても、最終的に自分がよい成績を上げることをめざして活動するのです。

交流をさけて孤独に

よりよい成績をめざすために、ほかの子どもと交流するよりもひとりで努力する。孤独な学習に

つねに競争している

どんな活動も競争。グループワークでも、ほかのメンバーよりよい結果を出すことが目標に

学習塾では学校よりも競争意識が強くなり、ピリピリと緊張したムードに

教え合って成長していく

実際にアクティブラーニング型授業を受けた子どものひとりが、問題演習への感想を次のようにつづってくれました。

「黙っていちゃダメ」「話し合いながら解いたほうがいい」「お互いに確認できるし、間違えていたらそれを指摘してくれるから」。

これが、アクティブラーニング型授業の効果です。この子は課題を前にしたとき、ほかの子と協働的にとりくむことができます。

子どもたちは社会に出たとき、人よりよい結果を出すことも求められますが、それ以上に、人と協力することを求められます。その力が、授業を通じて育つのです。

協働的に学べるように

アクティブラーニング型授業では、人よりもよい点をとることではなく、人を巻きこみ、人と協力して課題にとりくむことを重視しています。授業の結果は全員満点になるので、競争には意識が向かず、協働的に学ぶ力が育つのです。

効果

自己理解が深まる

ほかの子どもと教え合う活動を通じて、自分の得意・不得意がわかってくる。自己理解が深まる

授業を通じて人間関係ができ、放課後にもいっしょに勉強するようになる子どもたちもいる

効果

人間関係をつくる力が育つ

授業は、さまざまな相手と交流する経験になる。自分から人に話しかけ、人間関係をつくっていく力が育つ

先生は距離をとる

子どもたちが話し合っているところに先生がいると、子どもは先生に説明を求めてしまう。子どもどうしの人間関係づくりをサポートするためには、先生はどのグループからも距離をとったほうがよい。

Point

自主的に集まるようになる

協働的に学ぶ力がついた子どものなかには、自主的に勉強会を開く子もいます。授業で理解しきれなかったことの復習や、受験に向けた勉強などを、グループワーク形式でおこなうのです。

子どもたちは、集まって教え合いながら勉強したほうが学びやすいということを、実感しているのでしょう。

アクティブラーニングの効果

本当の意味でのキャリア教育になる

いま必要なキャリアプランとは

かつて社会では人の指示をよく聞く人が求められましたが、現代社会では自分で判断し、行動できる人が求められています。いま必要なキャリアプランは、そのような働き方を想定してつくられるものです。

かつてのキャリアプラン

工業化社会ではリーダーが少数

産業革命以降、社会は工業化され、多くの人が工場で働くようになった。そこでは少数のリーダーが多数のフォロワーを率いた。フォロワーたちはリーダーの指示にしたがって黙々と作業した。リーダーは知識を、フォロワーは忍耐力や従順性を求められた。

講義中心の授業で知識を得ることや、先生の指示にそって行動することを学べば、それが職場でそのまま役に立つ時代だった。

1990年ごろを境に、社会が大きく変わりはじめた

いまの時代のキャリアプラン

知識基盤社会では全員がリーダーに

20世紀後半から技術革新が進み、人々の働き方は変わった。社会が情報化され、知識は誰でも得られるように。知識よりも思考力や判断力、行動力が重視され、誰もが主体的・協働的に動けるリーダーになることを求められるようになってきた。

アクティブラーニング型授業によって、自分で考える力や人と協力する力を身につけることが、職場で必要とされる時代になった。

将来につながる学習になる

アクティブラーニング型授業は教科学習として役立つだけでなく、将来、社会で働くときの力にもつながっていきます。

文化祭の準備のような、授業以外の時間にも、人と協力することができる

効果

働く力の基礎が育つ

これまで解説してきた通り、思考力や課題にとりくむ力、人間関係をつくる力などが伸びる。そのような総合力が、働く力の基礎になる

リーダーシップが身につく

現代社会では、自ら動いてまわりの人を巻きこみ、協力しながら課題にとりくむ力がリーダーシップとされている。その力が身につく

授業に各種の機能をもたせることができる

アクティブラーニングには多くの効果があります。それらの効果を活用することで、アクティブラーニング型授業にさまざまな機能をもたせることができます。

たとえば、子どもの集中力を上げることに重点をおけば、居眠り防止の機能が発揮されます。

キャリア教育としても十分に機能する

子どもが現代に合ったリーダーシップを身につけることを強調すれば、授業はキャリア教育の機能をもちます。立ち歩くことが将来の働き方につながる話（37ページ参照）などで、学習と仕事の関連性を説明してもよいでしょう。

子どもたちは、授業を通じて総合力を身につけるとともに、働き方をイメージして、自分に合う仕事を考える経験ができます。

アクティブラーニングがよくわかるQ&A

問題演習の時間をとれば思考力は育つかもしれませんが、そのために教科書の学習が遅れ、入試に悪影響をおよぼすことはないのでしょうか？

Q 教科書を解説しきれないのでは？

子どもが自分で考える時間をつくるのはよいことなのでしょうが、そのせいで教科書を読み進める時間がへり、教科学習の内容を1年で解説しきれなくなったりはしませんか？

A 教科書の解説はむしろ早く進む

アクティブラーニング型授業では、説明する時間はへらしますが、説明する内容はへらしません。ここがポイントです。

短い時間のなかで、従来もっと長い時間をかけて説明していた内容を、コンパクトに伝えます。そのとき、説明を省略する部分を意識的にもうけて、その点は子どもたちに自分で考えてもらいます。

そのような形で授業を続けていると、効率よく説明できるようになっていきます。その結果、教科書を読み進める「進度」はむしろ早くなります。

監修者の授業では、11月にはその年度の解説が終わっていたこともあります。

教科書の進度に遅れは出ない。同じ教科の先生と足並みをそろえることができる

Q 入試対策は大丈夫？

思考力や人間関係をつくる力などが伸びるとしても、そのために時間を使っていては、入試対策の時間はへりますよね。それは大丈夫なのでしょうか。

A 教え合えば成績は上がる

思考力や人間関係をつくる力が伸び、**ほかの子どもと協力して学習できるようになった子どもは、「友達に教えると、もっとよくわかる」と言います。**ひとりで勉強しているときよりも、学習内容への理解度が上がっているのです。

そして実際に、そういう子どもたちの成績は上がります。ここでいう成績とは、期末試験などのテストの点数のことです。アクティブラーニング型授業の確認テストとは別に、成績を判定するために実施する、通常のテストです。

アクティブラーニング型授業では、子どもたちは数多くの問題演習にとりくみます。その内容を人に教えるためには、要点をつかまなければいけません。それだけの活動をすれば、成績が上がるのも当然でしょう。

A 受験指導の機能をもたせることもできる

より実践的な対策をとりたい場合には、**グループワークで扱う問題に、入試のいわゆる「過去問」を活用するとよいでしょう。**入試で採用されやすいタイプの問題を体験できます。

そのような工夫によって、アクティブラーニングの入試対策としての機能を強化することもできるわけです。

プリントを見てすぐに内容を理解できる子は、それを人に教えることで、理解がさらに深まる
内容をすぐには理解できない子もいるが、まわりの子どもと相談することで、少しずつ理解していく

勉強が得意な子と苦手な子、どちらも成績が上がる

COLUMN

教え方のヒント「ラーニング・ピラミッド」

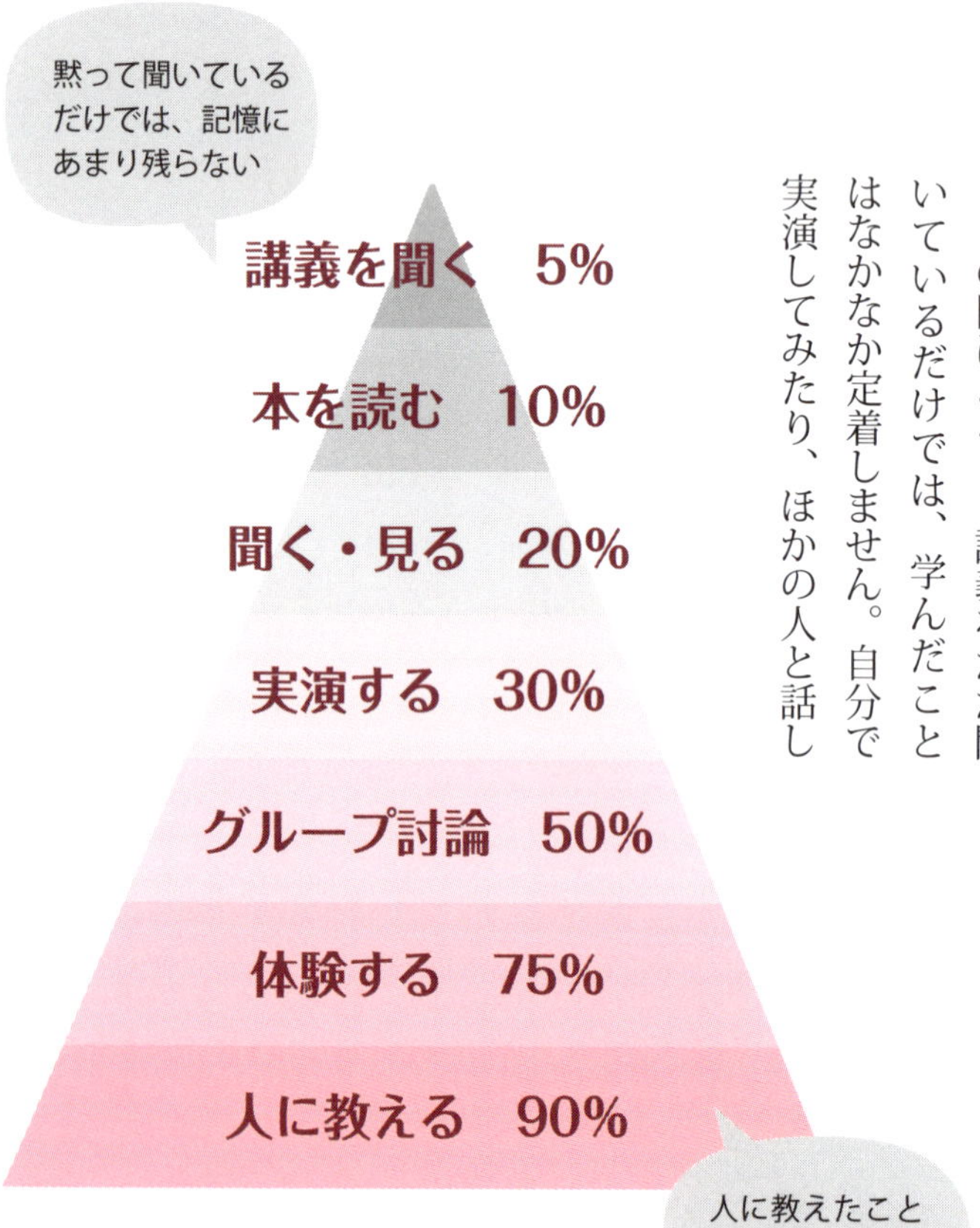
黙って聞いているだけでは、記憶にあまり残らない
講義を聞く　5%
本を読む　10%
聞く・見る　20%
実演する　30%
グループ討論　50%
体験する　75%
人に教える　90%
人に教えたことは、自分でもよく覚えている

アメリカの国立訓練研究所（National Training Laboratories）が示した、活動別の学習定着率。厳密な統計ではないが、教育現場の実感に近く、教え方の参考になる

人に教えたことは身につきやすい

ラーニング・ピラミッドという図があります。アメリカの研究機関が考えた図で、講義を聞くことや本を読むことなどで、それぞれどの程度、学んだことが定着するかを示しています。

この図によると、講義をただ聞いているだけでは、学んだことはなかなか定着しません。自分で実演してみたり、ほかの人と話し合ったりしたほうが、定着率が高いとされています。そして学習効率がもっともよいのが、人に教える活動だということです。

このような説明は、みなさんが日頃実感していることに近いのではないでしょうか。こうした図を参考に、教え方を見直してみるのも、ひとつの方法です。

5 先生どうしの会議・研修もアクティブに

人間ひとりの力には限界があります。
アクティブラーニングを導入するときには、
同様の考えをもつ先生どうしで協力しましょう。
日頃から相談や質問の機会を意識的につくり、
会議や研修も授業の改善のきっかけとして活用します。

この章を読む前に

最後に先生どうしの交流を解説します。アクティブラーニングを授業にうまく導入するためには、先生はどのように協力すればよいのでしょうか。知っていることやすでにできていることがあれば、書いてみましょう。

先生にもアクティブラーニングが必要

自分の価値観にとらわれがち

先生は、過去に自分が受けた教育方法を信じ、その価値観で子どもたちを教育しようとしがちです。しかしそれは、過去のその時代には合っていても、いまの時代に適した教育ではなくなっている可能性があります。

授業中に私語をしていたら怒鳴られた。しかしそれで授業に集中できた。だから自分も子どもに同じように接するという先生がいる

先生もアクティブに成長していける

子どもたちにアクティブラーニングを起こそうと考えている先生は、まず自分自身がアクティブラーナーになりましょう。

子どもがほかの子に質問するように、先生もほかの先生に質問します。ひとりで黙って考えるのではなく、立ち歩いたりしゃべったりして、アクティブラーニングを自分自身で体現するのです。

そのように主体的・協働的な活動ができれば、自分の価値観にとらわれなくなり、多くの気づきが得られるでしょう。そのような実感がもてれば、アクティブラーニングを上手に表現し、伝えられるようになるはずです。

先生どうしで協力する

ほかの先生の意見や感想を聞き、自分のやり方を見直す。子どもたちと同じように、先生たちも協働的に学ぶ
(84・86・88ページ参照)

人と協力しながら創意工夫

自分が受けてきた教育をそのままなぞるのはやめ、いまの子どもたち、いまの社会に合わせて調整しましょう。ひとりでがんばるのではなく、ほかの人の力も借りながら創意工夫を心がけていきます。

先生もアクティブラーニング!

ベテランが若手を一方的に指導するのではなく、それぞれの長所をいかして教え合い、協働的に学ぶ

子どもとの交流を大切に

自分の価値観を子どもに一方的に押しつけることはさけ、子どもの意見や感想を聞く。それを授業の改善につなげる
(90ページ参照)

専門家の力も借りる

アクティブラーニングやそのほかの教育法にくわしい専門家の力も借りる。研修や勉強会などで専門知識を学ぶ
(94・96ページ参照)

何歳からでも学んでいける

ベテランの先生は、いまから授業の形式を変えるのは難しいと感じるかもしれません。しかし、そういう人にこそ、アクティブラーニングの導入をおすすめします。

監修者は50代になってからアクティブラーニング型授業をはじめました。それ以来、ほかの先生や子どもとの交流を通じてさまざまな気づきがあり、日々、成長を実感できるようになりました。

人間は、何歳からでも学んでいけるのです。

校内でできること

教科の枠をこえたコアチームをつくる

友達ではなく同僚として

チームといっても友達関係ではない。目標は仲良くすることではなく、授業や校内の組織を改善するために協力すること。

いっしょに食事をとったりするのもよいが、それもコミュニケーションをとるため

やり方

先生2～3人でチームに

アクティブラーニングの導入にとりくむ先生2～3人で、活動のコア（中心）となるチームをつくる

「学習する組織」をつくる

先生が個々に学ぶだけでなく、学習するチームをつくる。それを拡大して「学習する組織」にしていく

ねらい

※「学習する組織」は経営学者ピーター・センゲが広めた考え方。個人にも組織にも学習が必要だと提唱している

このタイプの問題だと、子どもたちが話し合いやすいみたいです

ほかの先生の考え方を聞くことで、自分の授業を改善するヒントがつかめる

方法を統一しない　コツ

授業の進め方などの方法を、チームで統一する必要はない。むしろ形式にはとらわれず、互いの長所をいかして補い合いたい。教科の枠をこえてチームをつくると価値観が多様になってよい

よいところは共有する

　教育学にくわしい人、機器の扱いにくわしい人など、多様なメンバーが集まるのが理想的。それぞれのやり方のなかから、よいところを共有する。

教科や学校の枠をこえて

　協力できる相手であれば、教科が違っても、学校が違ってもかまわない。枠にとらわれずに仲間を増やしていく。

授業を変えることと組織づくりを両輪に

　創意工夫をして自分の授業を改善していくのは、もちろん大切なことです。しかしひとりでできることには限界があります。

　授業の改善をめざすなら、同時に組織づくりにもとりくみましょう。先生どうしのチームをつくったり、校長の協力を求めたりすることで、助言や支えが得られます。授業の見直しがより簡単に、より適切にできるようになります。

　授業改善と組織開発は、車の両輪のようなもの。どちらが欠けても、うまく進まないのです。

校内でできること

お互いの授業を見学する「授業研究週間」

「見にきてくださいカード」で誘う

ただ「見学してください」と言っても、相手はなかなか見学しにくい。見てほしい授業の科目や日時、教室、ひとことメモなどをカードに書くとよい。数人の先生でカードをつくり、その一覧をプリントにして配ると、お互いに見学する授業を選びやすくなる。

やり方

見学して感想を言う

アクティブラーニング型授業をしている先生どうしで、お互いの授業を見学し、感想を伝え合う

お互いに授業を改善する

人の授業を見学することも、自分の授業への感想を聞くことも、気づきにつながる。その気づきをいかして授業を改善する

ねらい

学校が先生どうしの見学をうながす「授業研究週間」を実施することがある。そのチャンスに気づきを得たい

よくないことを注意しない

見学中にメモをとるとき、よくないことは書き出さない。それを注意しても相手を追いつめるだけ。よかったこと、もっと知りたいことをメモする。

コツ

よかったことと質問を伝える

見学したあとには「よかったこと」と「質問（聞きたいこと）」だけを伝える。それが気づきにつながる。「よくないこと」に気づいても、それは相手を攻撃する指摘になるので、伝えなくてよい

見学中、赤いふせんに「よかったこと」、青いふせんに「質問」を書きとめる。授業が終わったら、ふせんを表に貼る。授業をした先生はあとでその表を見て、気づきを得る

職員室に表を貼る

見学者に感想記入用のプリントを配って授業後に回収する方法もあるが、それより手軽で見やすいのが、職員室など、子どもの目につかないところに表を貼っておく方法。以下のような表を使う。授業の前半でよかったことに気づいたら、その位置にふせんを貼る。記名式にしておけば、あとでくわしく相談することもできる。

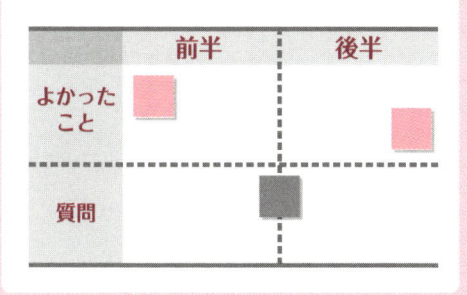

	前半	後半
よかったこと		
質問		

いつでも見学できるのがベスト

「授業研究週間」のようなイベントでは、見学者を意識した授業になりがちです。先生も子どもたちも肩に力が入ってしまうのです。

イベントもよい機会になりますが、理想をいえば、いつでも見学できるしくみがあり、先生と子どもがいつ見られてもよいという心構えができるのがベストです。率直な気づきが得られます。

校内でできること

会議では指摘よりも質問を心がける

授業見学は、期間内に何回くらいできそうでしょうか？

会議で発言するときには、指摘・批判をひかえ、質問して相手にもいっしょに考えてもらう

やり方

会議では基本的に質問する

学校内での会議や、先生どうしの話し合いのとき、発言を基本的に質問形式にする。相手への指摘をさける

全員が気づきを得ること

指摘や批判で話を進めていては、お互いに傷つき、意欲を失ってしまう。気づきが得られない。気づきを得るために質問を活用する

ねらい

「つるし上げ」を防ぐ

会議では、欠点を指摘して問題解決をはかろうとする発言が多くなりがちだが、それはときに個人を攻撃する「つるし上げ」となってしまう。質問中心のやりとりに変えることで、そのようなトラブルが防げる。

コツ 少人数の話し合いで試す

校内の全体会議のような、参加者の多い話し合いを質問中心に変えるのは難しい。まずは少人数の話し合いで試してみる。アクティブラーニング型授業にとりくむコアチームがあれば、そのメンバーで実践する

フラットな関係で

上下関係があると、どうしても指示中心のやりとりになりやすい。まずはフラットな関係の相手といっしょにとりくんでみるとよい。

話しやすいメンバーを集め、「今日は質問形式を中心にして、話し合ってみよう」と断ったうえで、小規模な会議を開く

質問は短く、1分で

質問をするつもりでも、話が長くなると相手への意見や文句をはさんでしまいがち。1分以内で質問することを目標にする。

口調や態度にも注意して

言葉としては質問になっていても、口調がとげとげしく、態度が攻撃的では詰問のようになり、相手を追いつめてしまう。言い方にも注意する。

指摘を質問に切り替える

質問することを意識していても、人の発言に納得できないところがあると、やはりその点を指摘したり、相手を批判したりする言葉が出てしまうものです。

そういうときには、指摘や批判を質問に切り替えましょう。たとえば「説明を省略しすぎてわかりにくかった」と伝えるのではなく、「どうしてあの話を省略したんですか?」と聞くのです。

校内でできること

子どもの感想も柔軟にとり入れる

こまかい調整もおこなう

たとえばプリントの見やすさについて、子どもの感想を聞く。全体的な変更だけでなく、文字のサイズ、図の入れ方、記入欄の大きさなどこまかい部分も調整する。

やり方

子どもの反応で授業を変える

子どもが授業について話していること、リフレクションカードに書いたことを参考に、授業のやり方を見直す

授業をより効果的なものに

子どもの声を通じて、自分の授業の効果を再確認する。その声をとり入れて、授業をより効果的なものに変える

ねらい

読みやすかったところ、読みにくかったところはそれぞれどこか、具体的に聞いてみる

日頃から子どもの話を聞く

コツ

多くの子は、先生に授業への意見や感想を伝える習慣をもっていない。感想が聞きたいと伝えても、すぐに答える子は少ない。先生が日頃から子どもの話を聞くようにしていると、お互いに話しやすくなる

子どもに呼ばれたら、足を止めてその子に体を向け、目を合わせて話を聞く。聞く時間がないときにはそれを伝える

○ いつもしっかり聞く姿勢

子どもに話しかけられたときには、しっかりと聞く姿勢をとる。また、その子の話に間違いがあっても批判したり否定したりせず、質問して本人の気づきをうながす。

× 聞いてはいるけど形だけ

たとえ子どもの話を聞いていても、姿勢がよくなかったり、すぐに話の腰を折っていたりすると、子どもはやがて相談にこなくなる。子どもは話し相手をよく見ている。

作業の手を止めず、子どものほうを振り向きもせずに返事だけしたのでは、子どもは話をする気にはなれない

上級者向けアドバイス

人格者になる必要はない

子どもの話に真摯《しんし》に耳を傾けることは重要です。しかしそれは、先生が人格者でなければならないということではありません。どんな人格の人でも、子どもの話を聞くことはできます。これは人格ではなく、スキルの問題です。

アクティブラーニング がよくわかる Q&A

なかなか理解が得られず孤立してしまったときには、どうやってまわりの人の理解や協力を得ればよいのでしょう。

Q 誰も協力してくれない場合は？

コアチームをつくりたくても、ほかの先生が誰も協力してくれない場合にはどうすればよいのでしょうか。人を巻きこまないと、アクティブラーニングは導入できませんか？

A 無理に協力を求めなくてよい

アクティブラーニングのことを話してみたり、授業を見てほしいと誘いかけたりしても誰も興味を示さないときには、**無理に協力を求める必要はありません。まずはひとりで、できる範囲で授業を変えていきましょう。**その際、隣の教室で授業をする先生には「演習をするので少し騒がしくなるかもしれません」などと断っておくようにします。理解を得る努力をするのです。

そうして試行錯誤や配慮を続けるなかで、子どもたちの成績が上がったり、教科書の進度が早くなったりすると、ほかの先生が興味をもってくれることがあります。そのとき、あらためて協力を呼びかけてみましょう。

自分のとりくみを説明し、騒がしくなることなどを事前に伝えておく。まずは理解を求めることから

Q 保護者から注意されたら？

授業を大きく変えると、それを知った保護者から注意される場合があります。そのときには、どのように答えればよいのでしょうか。

A 言い聞かせるより話を聞く

注意を受けたときには、アクティブラーニングの必要性や自分のとりくみについて、丁寧に説明しましょう。また、連絡不足で不安を与えてしまったことは素直に謝罪します。

そのような話をするときのポイントは、理解を求めるよりも、相手を理解しようとつとめることです。「お子さんはどう言っていますか？」「どんなところが不安ですか？」と質問して、相手の意図を聞きとるようにしてください。

相手の気持ちを理解し、その思いにこたえるようにして、授業を説明していくとよいでしょう。

子どもの受験に影響するんじゃないかと思うと不安で……
なるほど、受験のことですね

三者面談などの機会に、相手が不安を感じているポイントを丁寧に聞きとる

A さまざまな形で理解を得る

個別に説明する方法以外にも、さまざまな形で授業への理解を得ることができます。**保護者や子どもの不安をとりのぞくためにできることは、いとわずに実践していきましょう。**プリントをつくっても全員には読んでもらえないかもしれませんが、その努力は無駄にはならないはずです。

入学式のような全校行事で保護者が集まるときに、校長が授業の趣旨を説明する

授業の説明や子どもの感想をまとめてプリントをつくり、希望者がいれば渡す

校外で学べること

アクティブラーニングの研修を受ける

校内でも校外でもよい

校内研修があれば、積極的に参加する。インターネットなどを使って校外の研修を調べ、参加するのもよい。

やり方

研修には積極的に参加する

アクティブラーニングやそれに関連するテーマで研修があったら、校内・校外を問わず、積極的に参加する

基礎知識を学ぶ機会に

研修を受けることで、アクティブラーニングの基礎知識が学べる。また、同じように学ぼうとしている仲間ができる

ねらい

教育関連企業が、先生向けの研修会を開いていることもある。自分に合うものがあれば、積極的に参加する

見るだけではなく体験する

コツ

研修会のなかには、模擬授業をおこない、参加者がアクティブラーニング型授業を体験できるように工夫されたものがある。そのような研修を選んだほうがよい。子どもの立場が実感でき、授業への理解が深まる

管理職も参加する

校長や教頭など、管理職で授業をおこなうことがない人も、積極的に体験型の授業に参加したほうがよい。先生や子どもの立場がわかる。

管理職の先生はうしろで見守ろうとしてしまうことがある。それでは教え合う醍醐味《だいごみ》が体験できない。模擬授業には参加したほうがよい

積極的に交流する

研修会では、ほかの参加者と積極的に交流する。最初に名刺交換をしておくと、その後の研修中に話しかけやすくなる。

上級者向けアドバイス

何度も体験すると新しい気づきがある

研修には1回だけでなく、何度も参加するようにしましょう。とくに模擬授業は、くり返し体験することをおすすめします。

最初は授業についていくだけでも精一杯だったのが、何度も参加するうちに、積極的に発言できるようになったりします。そのような変化を実感できた先生は、子どもたちの成長をじっくり待てるようになります。

校外で学べること

ビジネス界から学べることが多い

ビジネス書を通じて、いまの世の中を知る。読みながら、気になるところに線を引いたりするのもよい

やり方

ビジネス書や社会学の本を読む

リーダーシップ理論や学習法、社会のしくみなどを解説している本を読み、それを授業にいかす

理論を吸収して参考に

本を読んで理論を学ぶと、自分の価値観を見直すことができる。いまの時代に合った考え方が身につく

ねらい

小説でもドラマでもよい

『下町ロケット』のような、ビジネスをテーマにした小説やドラマなども参考になる。ビジネス界の考え方がうまく表現されている。

コツ

交流すれば より豊かな学びに

ひとりで読むだけでなく、ほかの人と交流して、本の感想などを語り合うと、より多くのことを学べる。読書を通じたアクティブラーニングが起こる。ビジネス関連の勉強会などに参加するとよい

勉強会に参加する

ビジネス関連のテーマをあつかっている勉強会に参加。リーダーシップ理論など、授業にも役立つことを学ぶ。

インターネットを活用すれば、地域の勉強会を簡単に探すことができる。気になるテーマをあつかっている会があれば、参加してみる

他分野の人と交流する

勉強会などを通じて、教育以外の分野の人と交流する。視野が広がり、自分の授業をあらためて見直す機会になる。

「輪読会《りんどくかい》」を実施するのもよい

理論について深く学びたいときには、グループで同じ本を読み、感想を言い合う「輪読会」を開くのもよいでしょう。

先生どうしのコアチームで、授業に役立ちそうな課題図書を決め、その本について語り合います。

すでにその本の理論を実践している人、これから知ろうとしている人などが集まり、教え合う機会になれば、その会でもアクティブラーニングが起こります。

COLUMN

もうひとつのAL「アクションラーニング」

質問中心の学び合い

アクティブラーニングと共通点をもつ学習法に、アクションラーニングがあります。ビジネス界でよく用いられている手法です。

数人がチームを組み、現実の課題をテーマとしてとりあげ、対処していきます。協力して課題にとりくむところが、アクティブラーニングと共通しています。

アクティブラーニングと違うのは、コーチがいること。話し合いを成功に導くためにコーチがグループに参加します。

また、質問を中心としてやりとりするのも、アクションラーニングの特徴です。

この手法も、授業を改善するときの参考になります。

アクションラーニングを参考にした話し合いの例

テーマを設定
発表者がその日のテーマと自分の考えを話す

↓

ほめる
各参加者が発表者のよいところ、マネしたいことをほめる

↓

質問する
各参加者が、もっとよく知りたいところを発表者に質問する

↓

「ラブレター」を渡す
各参加者が、発表者に愛と勇気を伝えるつもりで感想を書き、「ラブレター」として渡す

↓

リフレクションカード
最後に発表者、各参加者がそれぞれに気づいたことを書き出し、今後の計画にいかす

アクションラーニングをくわしく知りたい人には、日本アクションラーニング協会のウェブサイト（http://www.jial.or.jp/）が参考になります。

■ 監修者プロフィール

小林昭文（こばやし・あきふみ）

産業能率大学経営学部教授。埼玉大学理工学部物理学科卒業。埼玉県立高校の物理教師として早くからアクティブラーニング型授業を実践し、教育界で高く評価されてきた。現在は高校を退職し、産業能率大学と河合塾教育研究開発機構に所属。アクティブラーニングの研究・実践を専門とし、研修講師を年間100回ほどつとめている。

主な著書に『アクティブラーニング入門』（産業能率大学出版部）、『図解 実践！ アクティブラーニングができる本』（監修、講談社）など。

メール　akikb2@hotmail.com

ホームページ　http://al-and-al.co.jp/

● 編集協力
オフィス201（石川智）

● カバーデザイン
岡本歌織（next door design）

● カバーイラスト
サタケシュンスケ

● 本文デザイン
南雲デザイン

● 本文イラスト
めやお

健康ライブラリー

図《ず》解《かい》 アクティブラーニングがよくわかる本《ほん》

2016年7月11日　第1刷発行
2017年8月21日　第5刷発行

監修	小林昭文（こばやし・あきふみ）
発行者	鈴木 哲
発行所	株式会社 講談社 東京都文京区音羽2丁目-12-21 郵便番号　112-8001 電話番号　編集　03-5395-3560 販売　03-5395-4415 業務　03-5395-3615
印刷所	凸版印刷株式会社
製本所	株式会社若林製本工場

N.D.C.375　98p　21cm

ISBN978-4-06-259699-2

■ 参考文献・参考資料

小林昭文著
『アクティブラーニング入門——アクティブラーニングが授業と生徒を変える——』（産業能率大学出版部）

小林昭文著
『いまからはじめるアクティブラーニング導入＆実践 BOOK』（学陽書房）

河合塾編、小林昭文／成田秀夫著
『今日から始めるアクティブラーニング 高校授業における導入・実践・協働の手引き』（学事出版）

小林昭文／鈴木達哉／鈴木映司著、アクティブラーニング実践プロジェクト編著
『現場ですぐに使える　アクティブラーニング実践』（産業能率大学出版部）

ジョナサン・バーグマン／アーロン・サムズ著、上原裕美子訳、山内祐平／大浦弘樹監修
『反転授業　——基本を宿題で学んでから、授業で応用力を身につける』（オデッセイコミュニケーションズ）

著作権法では、「授業の過程における使用」を目的とする場合、「必要と認められる限度」において、公表された著作物の複製が認められています。ただし、著作権者の利益を不当に害するような規模や態様での使用は認められていませんので限定的かつ節度ある使用に止めることが望ましいでしょう。とくに、複製物をデータで扱う場合は、授業以外に拡散しないよう、注意深く管理する必要があります。